輕鬆三步驟，漫談新課綱**19**大議題

用英文繪本讀出
孩子的素養力

劉怡伶
Daphne——著

目 錄
Contents

打破語言藩籬，
共讀英繪也可以輕鬆優雅

不知道各位是否有這樣的經驗？興致沖沖購入英文繪本，打算和孩子一起聊聊有趣的故事。沒想到孩子看了一眼之後說：「我不要看英文的，我想看中文的故事書。」由於母語的強勢，導致孩子排斥外語繪本。因此，父母必須有技巧且循序漸進地安排英繪共讀。

Daphne 老師結合最新的課綱議題，幫家長嚴選了 19 冊英文繪本，內容囊括了國際觀、人權教育、品格素養、生涯規劃、環境保護等等深刻議題，讓孩子同步開啟多元新視野，可以說是本本精彩、本本好書的英繪選書指南。

本書的可貴精隨之處，便是採用清晰且條理分明的親子共讀法，像是閱讀活動 3 步驟、Story Map、Timeline、5W1H 等共讀技巧，透過專業引導，有效共讀英文繪本，幫助孩子整理爬梳故事裡的背景脈絡，並且看見框架外的不同觀點，自此孩子不再排斥英文繪本。

其中，邦媽覺得最棒的單元就是，共讀後的延伸活動，舉例來說，共讀完 *Dear Abuelo* 後，孩子可能是第一次認識墨西哥，這時候和孩子一起自製塔可餅，將繪本實際融入生活，

這樣不僅能增加理解的廣度，還能加深共讀記憶。

經歷過採用幾次書中方法試驗之後，現在睡前，孩子終於會主動拿著英繪來要求邦媽一起共讀呢！Daphne 老師建造了一條簡單易懂的親子共讀捷徑，協助父母與孩子打破語言藩籬，讓共讀英繪也是一種輕鬆無負擔的享受。

有心想要帶孩子踏入英文繪本的世界，卻又不知道從何下手的朋友，邦媽極力推薦閱讀 Daphne 劉怡伶老師的新作《用英文繪本讀出孩子的素養力》，準不會錯！

我們只要撒下英繪閱讀的種子，放開急功近利的念頭，靜待花開，孩子自然會開啟另一扇語言世界的窗戶。

邦媽
「邦媽的浮誇貝比」親子共讀推廣部落客

連結臺灣本土文化，
切身繪本國際議題

英文繪本使我和 Daphne 老師結緣相識。老師在繪本的選擇上，有其獨到的見解；她在親子共讀、美語教學及教材編輯擁有豐富經驗，總是把英文繪本課設計得充實又精彩。

《親子閱讀趣－悅讀真有趣》、《用親子共讀，玩出 0-12 歲英語力》兩本以「親子共讀英文繪本」為主題的著作，受到兒童英語、親子教育界廣大迴響。新著《用英文繪本讀出孩子的素養力》以「108 課綱 19 項教育議題」為主軸，透過英文繪本有系統地學習重要議題，提供英語教學者及家長有效方法，帶領孩子閱讀及延伸討論。

本書從不同面向介紹議題繪本，並設計實用且多樣化的閱讀活動。「閱讀前」、「閱讀時」、「閱讀後」三步驟鉅細靡遺涵蓋了單字、文法、閱讀方法及可以和孩子聊聊的問題。在〈Daphne 的共讀筆記〉裡，介紹兩本相同議題的其他繪本，在每單元的最後又再附上八本延伸閱讀書單，等於每項議題提供了十一本書單，相當豐富！

和其他同質書籍不同，也讓我特別喜歡的，是每單元最後的
〈閱讀新視野〉，作者將議題與臺灣本土的歷史、地理、文
化連結，讓孩子們看到議題不只是書裡的故事，還和我們切
身相關，更有真實感！

《用英文繪本讀出孩子的素養力》是本多層次、面面俱到的
好書。無論您是家長、老師或是繪本愛好者，想帶領孩子進
行語言學習或議題討論，這本書都是不容錯過的首選！

涂怡年
臉書「Jo 是愛繪本」版主，
兒童英語繪本、成人繪本講座講師

議題中的唉呀（oops）
及難怪（no wonder）

一冊繪本，層疊著無限個環扣故事：文字的故事，圖畫的故事，文字與圖畫結合的故事，讀者與文字的故事，讀者與圖畫的故事，讀者、文字與圖畫結合的故事，親子與文字的故事，親子與圖畫的故事，親子、文字與圖畫的故事，師生與文字的故事，師生與圖畫的故事，師生、文字與圖畫的故事，以及無限可能的延伸組合，這也就是為何繪本可以一二再，再而三地被閱讀，與不同人分享，與不同人共讀。

同一繪本也可含有不同議題的面項，《用英文繪本讀出孩子的素養力》就像是陪著孩子用著有「溫暖的語言」，聊著小小人生的大哉問，探索各種認知的「唉呀（oops）」及「難怪（no wonder）」來累積經驗，漸漸地，他們就會喜歡上這樣的媒介，與延伸的議題一起長大。

大人世界的「理所當然」太頑固，認知的「唉呀」及「難怪」常常是「知識」跟「事實」的驗證，當我們準備好跟孩子一起克服時空限制，先談談《用英文繪本讀出孩子的素養力》內的書、談談書裡的世界、談談彼此的想法、再談談身邊的世界，就會創造了大靈魂與小世界的交流，也開啟小靈魂與

大世界的通道，大小朋友的「唉呀」及「難怪」就會在議題中重整了。

就讓《用英文繪本讀出孩子的素養力》裡的繪本與議題引領我們進到孩子的生命小宇宙吧。

嚴愛群
國立東華大學英美語文學系 副教授

重要的議題，
緩緩說輕鬆聊

108 課綱（註）以「核心素養」為課程主軸，明訂十九項教育議題（見 P.14 ～ P.16），透過「自主行動」、「溝通互動」及「社會參與」啟發同理關懷，尊重多元差異，並培養公平正義的思辨力等核心價值。期盼學生能適應環境、具備充分知識、能力，面對未來挑戰，成為終身學習者。

對孩子來說，最容易讓他們理解及投射議題的方式就是聽故事。聽故事的孩子，會放下心防去體察書中主角的感受，家長可以不說教就讓孩子去思考、去反思，從中學習生命中的各種重要課題。

我們可以跟著孩子透過 *Woodpecker Girl* 學習永不放棄、追求自我的生命議題；從 *Call Me Max* 探討性別平等的觀點；讀 *The Internet is Like a Puddle* 來學習資訊所帶來的方便性及安全性等。

透過家人的陪伴下，重要的議題，用輕鬆的方式與孩子緩緩聊、慢慢談，讓孩子慢慢學習觀察生活周遭的一切；從家庭教育、品德教育、生命教育、性別平等教育、人權教育、多元文化教育及原住民族教育中，學習欣賞、包容、同理、感

受、尊重不同的個體;從環境教育、海洋教育、能源教育、戶外教育中,學習善待、珍惜及保護地球上的各種資源;從法治教育、科技教育、資訊教育、安全教育及防災教育中,學習新知獲得、批判思考及社會互動的能力;從生涯規劃教育、閱讀素養教育及國際教育中,學習自我成長及培養世界觀的地球公民素養。

本書以十九議題彙整相關英文繪本做推薦,期盼孩子不僅能透過繪本內容學習到英文閱讀素養力外,同時,透過家長以輕鬆的口吻、溫馨的互動對談下,與孩子緩緩聊出生命中的各個重要議題,陪孩子一起成為終生學習者。

劉怡伶 Daphne Liu

註:「108 課綱」即「十二年國民基本教育課程綱要總綱」,在 103 年
11 月發布,並於 108 年 8 月正式上路,因此稱為「108 課綱」。

議題	學習目標	學習主題
1 家庭教育	● 培養經營幸福與健康家庭的知能 ● 提升積極參與家庭活動的責任感 ● 增進家與社會關係的反思能力	● 社會變遷對家庭的影響 ● 家人關係與互動 ● 親密關係發展與婚姻預備 ● 親密關係發展與婚姻預備 ● 家庭活動與社區參與
2 品德教育	● 培養道德發展與判斷的知能 ● 增進尊重人性、自律負責與公平正義的信念與情懷 ● 養成實踐倫理價值的行為。	● 品德發展層面 ● 品德核心價值 ● 品德關鍵議題 ● 品德實踐能力與行動
3 生命教育	● 培養探索生命根本課題的知能 ● 發展生命意義與目的的正向價值觀 ● 增進實踐生命價值的行為。	● 哲學思考 ● 人學探索 ● 終極關懷 ● 價值思辯 ● 靈性修養
4 生涯規劃教育	● 養成生涯規劃知能 ● 發展洞察趨勢的敏感度 ● 發展生涯應變的行動力	● 生涯規劃教育之基本概念 ● 生涯教育與自我探索 ● 生涯規劃與工作／教育環境探索 ● 生涯決定與行動計劃
5 人權教育	● 了解人權存在的事實、基本概念與價值；發展對人權的價值信念 ● 增強對人權的感受與評價 ● 養成尊重人權的行為及參與實踐人權的行動	● 人權的基本概念 ● 人權與責任 ● 人權與民主法治 ● 人權與生活實踐 ● 人權違反與救濟 ● 人權重要主題等
6 性別平等教育	● 理解性別的多樣性，覺察性別不平等的存在事實與社會文化中的性別權力關係 ● 建立性別平等的價值信念，落實尊重與包容多元性別差異 ● 消除性別偏見與歧視，維護性別人格尊嚴與性別實質平等	● 生理性別、性傾向、性別特質與性別認同多樣性的尊重 ● 性別角色的突破與性別歧視的消除 ● 身體自主權的尊重與維護 ● 性騷擾、性侵害與性霸凌的防治 ● 語言、文字與符號的性別意涵分析 ● 科技、資訊與媒體的性別識讀 ● 性別權益與公共參與 ● 性別權力關係與互動 ● 性別與多元文化

7	法治 教育	● 增進法律與法治的知能 ● 培養人權保障與公平正義的價值 ● 養成日常生活實踐法治價值的行為	● 公平正義之理念 ● 法律與法治的意義 ● 人權保障之憲政原理與原則 ● 法律之實體與程序的知識與技能
8	戶外 教育	● 涵養永續發展的知能 ● 體認實境學習樂趣 ● 增進學科、環境和人之間連結的思 考與批判能力	● 觀察環境，提升環保意識 ● 戶外生活技能學習及實踐 ● 培養愛護環境的責任感 ● 校外教學與考察研究
9	環境 教育	● 認識與理解人類生存與發展所面對 的環境危機與挑戰：氣候變遷、資 源耗竭、生物多樣性消失及社會不 正義和環境不正義 ● 思考個人發展、國家發展、與人類 發展的意義 ● 執行綠色、簡樸與永續的生活行動	● 環境倫理 ● 永續發展 ● 氣候變遷 ● 災害防救 ● 能源資源永續利用
10	海洋 教育	● 體驗海洋休閒，重視戲水安全 ● 了解海洋文化，感受海洋情懷 ● 探究海洋科學與永續發展海洋資源	● 海洋休閒 ● 海洋社會 ● 海洋文化 ● 海洋科學與技術 ● 海洋資源與永續
11	能源 教育	● 了解能源基本概念與影響 ● 培養能源意識、正確能源價值觀 ● 養成參與能源相關活動的行為	● 能源意識 ● 能源概念 ● 能源使用 ● 能源發展 ● 行動參與
12	科技 教育	● 培養設計與動手實做的知能 ● 發展學習科技的熱情與興趣 ● 培養正確的科技價值觀，選用適當 的科技產品	● 科技知識 ● 科技態度 ● 操作技能 ● 統合能力
13	資訊 教育	● 培養運用資訊與運算思維的知能 ● 發展資訊公民的態度與責任感 ● 養成正確使用資訊的行為	● 運算思維與問題解決 ● 資訊科技與合作共創 ● 資訊科技與溝通表達 ● 資訊科技的使用態度

14	安全 教育	● 防範事故傷害，提升自我安全 ● 養成居安思危的態度與安全意識 ● 增進安全行動的實踐	● 安全教育概論 ● 日常生活安全 ● 運動安全 ● 校園安全 ● 急救教育
15	防災 教育	● 培養災害風險管理與災害救助知能 ● 養成防救行動之態度與責任感 ● 增進參與災害防救行動	● 災害風險與衝擊 ● 災害風險的管理 ● 災害防救的演練
16	原住民族 教育	● 認識原住民族歷史文化與價值觀 ● 增進跨族群的相互了解與尊重 ● 涵養族群共榮與平等信念	● 原住民族語言文字的保存及傳承 ● 認識部落與原住民族的歷史經驗 ● 原住民族的名制、傳統制度組織運 　作及其現代轉化 ● 原住民族文化內涵與文化資產 ● 原住民族土地與生態智慧 ● 原住民族營生模式
17	多元文化 教育	● 體認文化的豐富與多樣性 ● 維護多元文化價值 ● 養成尊重差異與追求實質平等的跨 　文化能力	● 我族文化的認同 ● 文化差異與理解 ● 跨文化的能力 ● 社會正義
18	國際 教育	● 認識全球重要議題 ● 具備國際視野的本土文化認同與愛 　國情操，實踐個人的國家責任 ● 具備全球意識、全球智能、全球公 　民責任感及全球行動力	● 國家認同 ● 國際素養 ● 全球競合力 ● 全球責任感
19	閱讀素養 教育	● 發展多元閱讀知能 ● 養成運用文本思考、解決問題與建 　構知識的能力 ● 涵育樂於閱讀態度	● 閱讀的歷程 ● 閱讀的媒材 ● 閱讀的情境脈絡 ● 閱讀的態度

資料來源：國民中小學暨普通型高級中等學校十二年國民基本教育課程綱要

1
家庭教育

My Big Family

文 Yanitzia Canetti　　圖 Micha Archer
出版社：REYCRAFT

閱讀技巧｜Story Map
語言目標｜認識家庭成員的說法及有關家庭結構的字詞
議題目標｜了解個人與家庭間互動的重要性，並學習如
　　　　　　何經營健康的家庭互動關係

每個家庭組成大不同，有溫馨小家庭，也有熱鬧大家庭。以華人社會來說，逢年過節都是家族成員相聚的重要時刻，家家戶戶都會端上美味佳餚，其中必有屬於家鄉味的菜色，而這些料理將成為孩子們成長後，各自心中特有的「味道」。在 *My Big Family* 中，從古巴移民到美國的 Alex，因親戚們的到訪，體會到小家庭產生了變化。讓我們來看看大家庭和小家庭有哪些相處上的不同吧！

Alex 和父母從古巴移民到美國定居。在美國一家三口的他們，其實在古巴是有個大家庭呢！Alex 有祖父母、很多的叔伯阿姨和表堂兄弟姊妹，當整個家族聚在一起，真是無比歡樂啊！

有一天，Alex 看到媽媽穿著她最喜歡的衣服在翻著相本，爸爸在做著充滿家鄉味的餡餅，並跟 Alex 聊有關古巴奶奶的事情。媽媽問 Alex，如果奶奶過來跟他們一起住，Alex 會開心嗎？Alex 歡欣鼓舞地說太棒了！於是，隔幾日他們去機場把奶奶接回家住。沒多久，媽媽接到阿姨的電話，阿姨也要帶著孩子一起來美國跟他們住了。

之後，家中充滿著歡樂的生活，孩子們總是無時無刻玩在一起，而奶奶、媽媽和阿姨一起在廚房烹調古巴美食，家裡簡直熱鬧非凡。

媽媽再度接到另一通來自古巴的電話，又有一位親戚要來美國同住，Alex
很納悶的說，我們家還能容納第九個人嗎？就這樣，原本熱鬧開心的氛圍
有些許的不同了，每個人有著自己的生活習慣，好像原本平靜的三人世界，
因這個大家庭成員的陸續到來，生活步調漸漸變了。

直到有一天，住進來的親戚們，各自又有規劃要搬出去，Alex 有點落寞地
期盼能有其他人住進他們的三口之家。沒想到還真如 Alex 所願，來了一位
新成員，讓三口之家從此成為一家四口，大家猜猜是誰呢？

由古巴國家文學獎得主 Yanitzia Canetti 所撰寫的
My Big Family，帶著讀者們一起感受熱情古巴裔
移民的日常生活

閱讀活動 3 步驟

Step 1 閱讀前——認識單字

Family Types 家庭類型

- extended family 大家庭
- nuclear family 小家庭
- single-parent family 單親家庭
- grandparent family 隔代家庭
- adopted family 領養家庭
- childless family 無子家庭

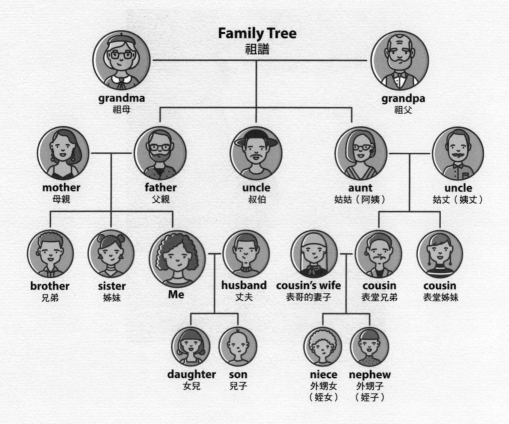

Family Tree
祖譜

grandma
祖母

grandpa
祖父

mother
母親

father
父親

uncle
叔伯

aunt
姑姑（阿姨）

uncle
姑丈（姨丈）

brother
兄弟

sister
姊妹

Me

husband
丈夫

cousin's wife
表哥的妻子

cousin
表堂兄弟

cousin
表堂姊妹

daughter
女兒

son
兒子

niece
外甥女
（姪女）

nephew
外甥子
（姪子）

用英文繪本讀出孩子的素養力

empanada 餡餅	**photo album** 相簿	**ceiling** 天花板
dresser 衣櫃	**jewelry box** 珠寶盒	**planetarium** 天文館
plantain 大蕉	**plop** 重重落下	**snooze** 打盹

餡餅（empanada）

道地的拉丁美洲點心，將餡料（牛絞肉、雞肉、魚肉，或火腿起司等）包入麵皮，捏成像餃子的形狀，進行油炸或烘烤。各國依照當地氣候、食材不同，所包的內餡也有不同，其中最有特色的莫過於智利（Chile）餡餅，方形外皮獨樹一格，內餡包有牛肉、洋蔥、蛋和葡萄乾。

炸牛肉餡餅

此外，因為餡餅長得像亞洲料理的餃子，因此在拉丁美洲當地的中式餐廳，餃子的西班牙文就翻成 empanadilla（小餡餅）。

烤餡餅搭配葡萄酒，就是一餐道地的智利國民美食

古巴三明治搭配大蕉脆片

大蕉（plantain）

口感類似芭蕉，是古巴料理不可或缺的食材，提供充分熱量來源，被當成主食的一種。大蕉也常使用在其他中美洲國家、哥倫比亞（Colombia）、委內瑞拉（Venezuela）等國料理。將尚未成熟青色的大蕉切片，以油炸方式烹調，蘸酸辣的莎莎醬食用，就像我們熟悉的薯片。另外也能將大蕉塞入餡料烘烤。

烤起司牛肉大蕉

Step 2 閱讀時——**用 Story Map 學閱讀**

運用 Story Map，協助孩子理解故事中的脈絡。

Who Alex and his parents
角色：Alex 和他的雙親

Where Home in America
場景： 美國的家

What Alex's families from Cuba came to America and lived
事件： with Alex.
Alex 的家人從古巴移民到美國，並和 Alex 同住。

Outcome His families from Cuba moved out of Alex's house
結果： for different reasons. Alex has a new sibling.
來自古巴的家人們，因為不同的原因搬出 Alex 的
家。Alex 有了新的手足。

比較級的規則及應用

故事中，Alex 對家人説 the bigger, the better.（越大越好）
bigger 和 better 都是**形容詞比較級**。比較級句型如下：

主詞（主格）＋動詞＋形容詞比較級＋than＋名詞（受格）

例 I am taller than you.（我比你高）

形容詞比較級的變化

◆ 單音節形容詞，如 long，在字尾 +er；但若是形容詞拼字為
子音 + 短母音 + 子音，則要重複字尾再 +er
例 big → bigger（較大的）、fat → fatter（較胖的）

◆ 雙音節形容詞也是字尾 +er，若字尾是 y，則去 y 再 +ier
例 happy → happier（較快樂的）、busy → busier（較忙的）

◆ 三個或多音節的形容詞，則是在形容詞前方加上 more

例 more expensive（較貴的）、more beautiful（較美的）

◆ 不規則比較級常見的有：

bad → worse（較糟的）　　　good → better（較好的）

far → further（較遠的）　　　little → less（較少的）

much/many → more（較多的）

Step 3

閱讀後——**看完故事聊生活**

在亞洲社會的家庭，人員稱謂上比西方人複雜許多，有分叔伯姨姑及表堂親戚。而這些年來，少子化狀況下，許多親戚的稱謂似乎不盡然有機會叫到，不像早期三代同堂時那般熱鬧。大家庭有大家庭的歡樂，尤其是過節時大家聚在一起時，更是能感受到那種人多趣味多的氛圍；而小家庭有小家庭的單純，隨心所欲的自在性。不管是哪種家庭組成性質，最重要的是家和才能萬事興呀！

與孩子共讀這本書後，我們可以跟孩子聊聊：

1. 喜歡大家庭還是小家庭的生活呢？

2. 你知道你有哪些親戚嗎？

3. 你印象中最喜歡媽媽或爸爸做的是什麼料理呢？

4. 最喜歡和家人做哪些活動呢？

5. 你會幫忙家人做家事嗎？你會做哪些家事呢？

Daphne 的共讀筆記

每個家庭都有屬於自己獨特的傳承好滋味，不管是媽媽的家常料理，還是爸爸的功夫好菜，甚至是祖父母們的祖傳秘方，日後在異鄉生活，或有了自己的孩子後，那個屬於家的特殊味道總會留在記憶裡。母親的拿手料理：香郁「手炒油蔥酥」、傳統「紅白鹹湯圓」，總帶給我滿滿家的記憶味道。而我成為母親後，也很好奇以後孩子們會記得哪些屬於我和他們專屬的「家的味道」呢？

更多的家庭教育書

My Grandfather's Coat

文 Jim Aylesworth　　圖 Barbara McClintock

祖父剛到美國時，靠自己的雙手白手起家，擔任裁縫師。在遇見祖母後，他自己做了一件外套，並穿著這件外套跟祖母共結連理。他很喜歡這件外

套，幾乎都一直穿著這件外套，直到它破了。然後祖父又拼拼湊湊地縫補起來做成夾克繼續穿，直到又被穿破。祖父繼續拼拼湊湊縫成一件新的背心繼續穿。當這件背心被穿破後，他把它做成領帶，還戴著它參加我母親的婚禮。當這個領帶又破了，祖父把它做成了你和小貓的玩具，直到這個玩具被玩壞了，這個厲害的祖父會怎麼改造它呢？一個代代相傳的溫馨故事，用一種特殊的方式將祖父的愛給流傳下去。

Love and the Rocking Chair
文 圖 Leo & Diane Dillon

一對年輕的夫妻，站在琳瑯滿目的傢俱店裡，挑選了一張搖椅要放在寶寶房間。在寶寶出生後，媽媽在搖椅上唱搖籃曲安撫寶寶。當孩子大一點，爸爸在搖椅上念故事給他聽。孩子會在搖椅上晃來晃去玩樂。隨著孩子大了，搖椅被束之高閣。直到孩子成年，結婚生子後，想起了那張陪他成長的搖椅。於是，他把這張搖椅放到自己孩子的房間，將這個充滿愛與回憶的搖椅，繼續傳承下去。

閱讀新視野

認識客家菜餚

在臺灣聊到客家文化及特色菜，大家會想到哪些呢？薑絲炒大腸、菜脯蛋、還是客家小炒呢？客家菜給人的印象就是講究油鹹香，舉凡梅乾扣肉、豬肚酸菜湯、客家鹽焗雞等佳餚，都將客家人傳承的歷史融合於料理中。

早期客家人因遷徙到丘陵山地，在路途中只能以鹽來保存食物，外加上勞動出汗需補充鹽分來維持體能，因此在飲食上會使用各類的醃製品入菜，像酸菜、福菜、菜脯和梅干都是客家醃菜中必備的食材。

客家人勤儉耐勞，省吃儉用的習慣，在飲食中也發揮極致，為了不浪費食材，妥善運用拜拜時各牲畜不同部位做成佳餚，而有了知名的「四炆四炒」的八道宴客標準菜。「四炆」的炆是指大鍋烹煮、持久保溫，傳統的「四炆」有鹹菜豬肚、炆爐肉、排骨炆菜頭和肥腸炆筍乾；而「四炒」有客家小炒、鴨血炒韭菜、豬肺鳳梨炒木耳和炒薑絲大腸。有些菜餚的使用食材，如豬肺、腸子，其實都是來自於客家人在祭祖酬神或婚喪喜慶的食材，物盡其用。透過不同的料理方式，將原本用不到的材料，做成現在家喻戶曉的客家佳餚，這八道傳統客家宴客佳餚，大家有吃過幾道呢？

小時候，在過年期間，親戚們聚在一起才有機會吃到這些菜色，而平常生

活中，母親會做炆爐肉、鳳梨炒木耳和炒薑絲大腸等這些客家家常菜。客家人家中必備的油蔥酥、金桔醬、梅干和菜脯也是日常中隨時用到的基本食材，尤其是客家紅白鹹湯圓，一定要配上茼蒿、瘦肉、香菇、蝦米和一大匙又油又香的自製油蔥酥，才是道地的客家湯圓呀！而白斬肉配金桔醬是我小時候不敢吃，長大後卻能一口接一口吃的夏日開胃肉品。酸酸甜甜的鳳梨炒木耳也是夏天常見的基本健康料理之一。久久品嚐一次的肥滋滋梅干扣肉，一定要連著上面的皮，跟著肉一起配飯吃才過癮。

屬於你的味道是什麼呢？你想要傳承給孩子的家鄉味，又是什麼呢？每個家庭都有屬於自己專屬的傳承味道，這是家的味道，也是記憶中永不磨滅的回憶。日常生活中的飲食習慣及烹調方式，透過味蕾的記憶，將家的味道一代一代的傳承下去。

家 庭 教 育
延伸閱讀書單

THE lost Kitten

by Leyla Torres

illustrated by Ángeles Ruiz

REYCRAFT BOOKS

The Lost Kitten

2
品德教育

文 Leyla Torres 　 圖 Ángeles Ruiz
出版社：REYCRAFT

閱讀技巧｜ Story Structure
語言目標｜ 能主動詢問並表達自己的感受
議題目標｜ 培養同理心及感受力，學習如何關懷周遭的
　　　　　人事物

如果有一天，你在家門口發現了一隻引人憐愛的小狗或小貓，你
會怎麼辦？是因為喜歡牠，所以占為己有，還是想盡辦法幫牠找
到主人呢？ *The Lost Kitten* 溫馨的故事，優美的插圖，故事中的
點滴，必能溫暖每位讀者的心。

爸爸從雜貨店採買回來，把手上的袋子往桌上一放，所有的東西都散出來，沒想到，裡面竟然有一隻小貓。小女孩開心地對爸爸說，雜貨店竟然有賣橘色的小貓呀！爸爸向小女孩解釋，這隻貓是在門口發現的，應該是哪位鄰居的貓吧？

突然間，小貓發出了一些聲音，小女孩猜牠應該是肚子餓了。於是，他們給小貓一些雞肉和米飯。小女孩看著牠吃東西，想到了一個好主意。她問爸爸，可以收養這隻小貓嗎？但是，爸爸認為這隻貓應該有主人了。不放棄的小女孩繼續問：「如果真找不到牠的主人，我可以養牠嗎？」爸爸只好說：「那要去問媽媽囉！」

"Swestie, the kitty must have an owner," said Papa.

"Okay Papa. But if he doesn't have an owner,
CAN WE KEEP HIM?"

"We will see what Mama says," said Papa.

So we put the kitten in a cardboard box
and went to knock on doors.

於是他們把小貓放到紙箱裡，帶出門挨家挨戶地詢問鄰居，嘗試幫小貓找到原主人。很可惜的是，他們都不是小貓的主人，但這些鄰居卻紛紛拿出家中的東西要給小貓，有人給溫暖的被單，希望小貓不受凍；有人送小貓玩偶，希望牠不寂寞；有人送小貓鮪魚罐頭。就這樣，走了一圈，問了好多人，但都不是小貓的主人，卻收到許多送給小貓的禮物，把箱子快裝滿了，小貓幾乎都無處可棲了。

小女孩看了看小貓和箱子後，問爸爸可以回家了嗎？到家時，媽媽正在門口等著他們，小女孩立刻問媽媽可以收養這隻貓嗎？此時，小女孩看到在媽媽身後，站著一對母子。

媽媽說這個小男孩的貓不見了，小女孩萬般不願下，將手上的箱子給小男孩看。沒想到，小男孩竟說這不是他的貓。最後，小女孩終於如願收養這隻找不到主人的小貓，並開心地幫牠取了可愛的名字。

閱讀活動 3 步驟

Step 1

閱讀前——**認識單字**

與貓有關的字詞

- ear 耳朵
- head 頭
- eye 眼睛
- shoulder 肩膀
- back 背部
- tail 尾巴
- nose 鼻子
- lip 唇
- whiskers 鬍鬚
- neck 脖子
- buttock 臀部
- claw 爪子
- thigh 大腿
- fur 毛
- hind leg 後腿
- paw 腳掌
- foreleg 前腿
- chest 胸部
- belly 腹部
- toe 腳趾

字彙加油站

plop 噗通一聲落下	**tumble** 翻滾	**flagpole** 旗桿
belong to 屬於	**leftover** 剩菜	**owner** 主人，擁有者
stuffed 填充的	**tuna** 鮪魚	**allergic** 過敏的
frown 皺眉	**gobble** 狼吞虎嚥	**saffron** 番紅花

閱讀時——用 Story Structure 學閱讀

Story Structure（故事情節分析圖）

一般來說分為五個階段：

1. **Exposition 背景說明** 提供故事場景及角色說明
2. **Rising Action 劇情鋪陳** 主角面對的問題及衝突問題
3. **Climax 情節高潮** 故事達到轉折的高峰或最重要的情境
4. **Falling Action 故事收尾** 因故事高峰而造成的後續影響
5. **Resolution 最後結局** 主角最後對問題的處理，讓整體內容達到完整

Climax

The neighbors gave different things to the kitten, but none of them knew the kitten.

情節高潮

鄰居們給小貓不同的物品，但是沒有人知道有關小貓的事情。

Rising Action

Papa and the little girl rang the bell at their neighbors' houses to find the kitten's owner.

劇情鋪陳

爸爸和小女孩按著鄰居家的門鈴，為了要找到小貓的主人。

Falling Action

When Papa and the girl came home, they saw a lady and a boy behind the little girl's mama.

故事收尾

當爸爸和女孩回家時，他們看到一位女士和一個男孩站在小女孩媽媽的後面。

Exposition

Papa saw a kitten outside their house. His daughter wanted to keep the kitten.

背景說明

爸爸看到小貓在屋外。他的女兒想要留下這隻貓。

Resolution

The little girl could keep the kitten and named it "Saffron".

最後結局

小女孩能留下這隻小貓，並將牠命名為「Saffron」。

大補帖 有關貓咪與狗狗的俚語

Cat Idioms

- ◆ Cat got your tongue? 怎麼悶不吭聲；為何不說話？
- ◆ Cats hide their claws. 知人知面不知心。
- ◆ Curiosity killed the cat. 好奇心惹禍上身。
- ◆ Like a cat on a hot tin roof 坐立難安
- ◆ Fat cat 有權勢之人
- ◆ Like the cat that got the cream 沾沾自喜

Dog Idioms

- ◇ An old dog will learn no new tricks.

  老狗學不了新把戲；指老人較難適應新事物。
- ◇ Barking dogs seldom bite. 咬人的狗不出聲。
- ◇ Work like a dog 勤奮工作
- ◇ Every dog has its day. 風水輪流轉；時來運轉。
- ◇ Love me, love my dog. 愛屋及烏。
- ◇ It's raining cats and dogs. 下傾盆大雨。

閱讀後───**看完故事聊生活**

小貓小狗真的是人類的好夥伴，很多孩子都希望能養一隻小寵物，但是養寵物其實並不是單純玩樂，生活中的照料是責無旁貸的責任。因此，養寵物前，先陪孩子認識這些小動物的生活習性及照料上的細項是很重要的。家長可以帶著孩子去各地的動物收容所，以認養替代購買，讓路上的流浪動物越來越少，讓被棄養的小動物們，都能有機會找到一個溫暖的家。

與孩子共讀這本書後，我們可以跟孩子聊聊：

1. 小貓為什麼會出現在小女孩家的門口，走失的原因會是什麼呢？
2. 為什麼書中的鄰居們紛紛送小貓東西呢？你會想送小貓什麼呢？
3. 你覺得養小貓或小狗，需要具備哪些條件呢？
4. 你覺得你會是一位好主人嗎？你覺得好的飼養者，需要具備什麼特質呢？
5. 如果要養寵物，有哪些地方可以認養？認養的程序為何？

新北板橋流浪動物之家志工體驗

Daphne 的共讀筆記

在共讀的過程中，很多的討論是沒有標準答案，但透過繪本中的情境來討論，卻給了孩子一個模擬現實社會的各種可能，讓孩子能先透過預設狀況，多方思考，培養思考力及思辨力。在讀這本 *The Lost Kitten* 後，我跟孩子一起看前幾年去洛杉磯旅遊時，參觀帕薩迪那市動物收容中心的照片，所內的義工會針對參觀者想了解的動物做說明，希望透過介紹，能幫助這些小動物找到家。接著，我們一起思索書中那隻迷路的小貓，到底為何小貓會找不到主人呢？如果發生在我們家門口，又會怎麼做呢？

繪本世界真的很美，除了文字和插圖引人入勝，更重要的是，透過溫馨的故事，讓孩子知道只要每個人都用心用愛做好事，無論事情有多小，都能讓社會上的負能量變少，讓世界更溫暖且美好。

更多的品德教育書

The Little Box

ⓕ Judy Goldman　ⓘ Cecilia Varela

Mariana 因為第一天上學感到很緊張。她的爺爺給她一個很特別的小盒子，並叮嚀她必須在真正有需要的時刻才能打開。而當她打開盒子時，她感受一股特別氛圍環繞著她，像個溫暖的擁抱。漸漸地，她越來越有自信，也降低了自己對盒子的依賴，不再老是打開那個盒子。直到有天一位不好相處的同學在下課時間摔跤了，她是唯一願意伸出援手的人，但她是否還需要打開盒子，才有信心去幫助他人呢？

Try a Little Kindness
文 圖 **Henry Cole**

你知道要怎麼開始展現你的善意呢？從一早起床就面帶笑容，常將「請、謝謝」掛在嘴上，其實每天都可以讓自己友善地過生活。常說好話、誇獎他人的長處；邀請他人一起參與活動，都能讓人與人之間的相處更融洽。

進出時，幫朋友開門；看到地上有垃圾，主動撿起來丟到垃圾桶；主動關懷需要陪伴的朋友，對他人友善是件愉快有趣的事情。在你睡前，想想這一天做了哪些充滿歡樂且有意義的行為，相信你一定能開心入睡並期待隔天的到來。

閱讀新視野
認識公益活動

生活中常聽到大家說要做公益，到底公益活動包含了哪些項目呢？

公益活動指的是一定的組織或個人向社會捐贈財物、時間、精力及知識等活動，例如，國中生須執行一定時數的社區服務。公益活動的內容涵蓋社區服務、環境保護、文化藝術活動到國際合作等，相當多元。

在臺灣有很多的公益團體，有財團法人基金會、聯合勸募等，爸媽可以帶著孩子上網了解到底公益團體有哪些（可參考 Igiving 公益網官網）。無論各類公益活動，只要是自身能力所及，大家都可以去關懷社會不同層面的人。如果孩子喜歡動物，可以帶他們去了解各縣市的動物收容所，甚至去當志工協助照顧小動物，與孩子一起進行公益活動，讓孩子從中感受幫助他人或動物時的同理心，學習生命中的正向能量。

在美國的印第安納州，有個很不一樣的志工活動，叫做 "No one dies alone"（沒有人會孤獨的死去）。被選上的志工留守在重病患者旁，守候著他們，讓他們不會因孤單而害怕。這個活動的宗旨希望提供身邊沒親友的人，在生命走到最後一程時，能感受到世上的一絲溫暖。

讓孩子了解如何關懷社會之外，由於近年來社會上出現不肖人士利用公益活動之名，行詐騙之實等相關案例，家長應該教導孩子如何正確選擇合法註冊的公益團體，才能保護自己，不要讓熱誠與愛心，成為詐騙集團斂財的來源。

除了透過繪本故事來引導孩子品德的重要外，家長也可以與孩子一起欣賞電影，如 2000 年的美國電影 *Pay It Forward*《讓愛傳出去》。劇中一位美國學生崔佛為了要完成社會科老師出的作業，最終引起全美「讓愛傳出去」的感動事蹟。作業的題目是如果這世界令你覺得失望，你要想辦法把你不想要的東西剔除，重新改造這個世界。而學生不只是構思如何改造的方法，還要實際付諸行動。看完影片後，家長可以跟孩子討論，在日常生活中，我們能做些什麼讓生活更有溫度，如說好話、做好事、存好心等。

三國時期，劉備給其子劉禪的遺詔中曰：「勿以惡小而為之，勿以善小而不為」。當人人都能秉持這樣的處事態度，我相信人與人之間的相處會更加融洽，社會的氛圍會更加有溫暖，讓我們一起共勉之吧！

igiving 公益網　　No One Dies Alone 介紹

品德教育
延伸閱讀書單

Woodpecker Girl

written by Chingyen Liu
and I-Tsun Chiang

illustrated by Heidi Doll

REYCRAFT
BOOKS

3 Woodpecker Girl

生命教育

文 Chingyen Liu & I-Tsun Chiang　圖 Heidi Doll

出版社：REYCRAFT

閱讀技巧｜ Story Timeline
語言目標｜ 表達感受及自我認同
議題目標｜ 學習尊重不同生命個體，並學習正向、勇敢
地面對生命

這是一本真人真事的繪本故事，講述臺灣女孩黃羿蓓，不因腦性麻
痺而限制住自己追求畫畫的夢想，一點一滴用她的堅持及努力，將
腦海中美麗的畫面，透過套在頭上的特殊繪圖頭套，逐一畫下來，
讓這些畫作替她發聲，讓看畫的人感受她對生命的熱愛及努力。

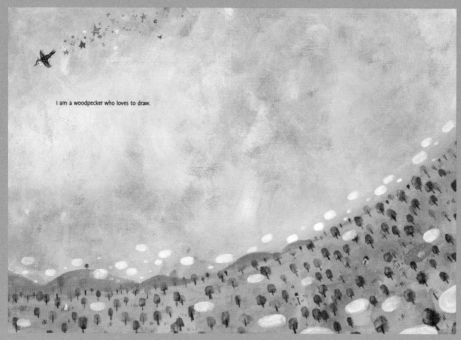

I am a woodpecker who loves to draw.

第一個跨頁就出現書中三個主要元素：啄木鳥、女孩和小白兔

ⓛ 當她用頭套畫圖時，彷彿像隻啄木鳥能展翅高飛，在空中自由翱翔
ⓡ 畫圖得以讓啄木鳥女孩遨遊世界

打開繪本的第一個跨頁，就看到左頁上方有隻啄木鳥在空中飛翔，下方寫著：「我是一個愛畫圖的啄木鳥。」在右頁下方的樹林間，有個坐在輪椅上的小女孩。當讀者繼續往下讀，便會了解，其實這隻愛畫圖的啄木鳥，就是坐在輪椅上的女孩。

會被稱為啄木鳥女孩，是因為腦性麻痺的她在求學過程中，美術老師為她設計了一個專屬的頭套，可以在上面套上畫筆，讓她運用頭頸部的力量作畫。她畫畫時，同學們笑稱她看起來就像隻啄木鳥，而事實上，當她用這個頭套畫圖時，看起來確實就像隻啄木鳥，不斷地對著圖畫紙點頭。

在她還沒找到表達自己想法的方法之前，她也曾經不快樂，因為大家聽不懂她要說什麼。有時候，她想微笑，可是她表現出來的樣子卻像在生氣。平常大家做起來很輕鬆容易的表情與肢體動作，對啄木鳥女孩來說，都是無比的艱辛。就連想要歌唱，都比登天還難。一直到她找尋到生命的出口、她熱愛的事情——畫畫。

當她畫畫時，她彷彿走遍世界、穿越森林、傾聽海浪的聲音。畫圖時的啄木鳥女孩，身心靈獲得自由，因為她熱愛畫圖。儘管她畫圖的方式與眾不同；儘管在畫圖過程中，她的脖子總是痠痛不已。但最重要的是，畫圖是她最想做的事情，因為透過圖畫，啄木鳥女孩能將幸福傳遞給欣賞畫作的每一個人。

這本書的插畫家是海蒂朵兒 Heidi Doll，她除了用豐富明亮的色彩將故事呈現出來之外，更值得一提的是，她也將黃羿蓓的作品融入插畫當中，大小讀者可以在共讀完後，根據書後黃羿蓓的作品集回頭翻找看看，這些畫作出現在哪些頁面中喔！

黃羿蓓的畫作

閱讀活動 3 步驟

Step 1

閱讀前——**認識腦性麻痺**

引導孩子認識腦性麻痺，並學習相關醫學字詞。

Cerebral Palsy
腦性麻痺

What is cerebral palsy?
什麼是腦性麻痺？

people with cerebral palsy usually...
患有腦性麻痺的人通常……

a group of disorders that affect a person's ability to move and maintain balance and posture
肢體運動功能上的多重障礙

feel stiff
覺得四肢僵硬

feel floppy
覺得肌肉軟癱

cannot roll over in either direction
身體無法翻滾

cannot bring hands together
無法善用雙手的動作

have difficulty bringing hands to mouth
將手移動到嘴邊有困難

參考網站

中華民國腦性
麻痺協會官網

美國疾病管制署（Centers for Disease
Control and Prevent, CDC）官網

用英文繪本讀出孩子的素養力

woodpecker 啄木鳥	branch 樹枝	brain 頭腦
lack 缺乏	oxygen 氧氣	swerve 背離
balance 平衡	control 控制	temperature 溫度
difficult 困難的	wheelchair 輪椅	accept 接受
trap 陷阱；困住	physical disability 肢體障礙	depend on 取決於
bakery 烘焙店	customer 顧客	weird 怪異
invention 發明	exhaust 勞累	spread 展開
dawn 破曉	rooster 公雞	stroll 散步
eavesdrop 偷聽	meadow 草地	whisper 說悄悄話
shore 岸邊	rough 猛烈的	happiness 幸福

Step 2

閱讀時——用 Timeline 學閱讀

Story Timeline「時間線」是什麼？

Timeline 讓讀者清楚掌握故事的角色在不同時間點，所發生的各個事件，釐清故事內容的順序及事件的演進關係。

> Her brain lacked oxygen when she was born.
> 她的腦部先天性缺氧。

> She started talking with her classmates by using a computer.
> 她開始用電腦與同學說話。

Her teacher made a headband for her to draw pictures.
老師做了一個髮圈讓她畫畫。

Her classmates called her Woodpecker.
同學都叫她啄木鳥。

She loves painting and wants to bring happiness to everyone.
她熱愛畫畫，並希望為每個人帶來快樂。

感官動詞的用法

故事中小女孩想像自己是隻鳥飛過池塘，看見魚兒快樂暢游，她說：
"I fly over a pond and **see** the fish playfully swimming."

see（看見）、hear（聽見）、watch（觀看）、look at（凝視）、feel（感覺）、notice（注意）等為「感官動詞」，以下為句型說明：

感官 V＋O 受詞＋
- V ────── **表達「事實或事件」**
- V-ing ── **強調「動作正在進行」**

- ◆ I **hear** people **sing**. 我聽見人們唱歌。

  （小女孩聽見別人唱歌，為常態事實。她心生羨慕，也希望自己能唱出美麗歌聲。）

- ◆ I **see** the sun **rising**. 我看見太陽正在升起。

  （強調太陽緩緩升起的當下，小女孩感受到明亮且溫暖的陽光帶給她無限的希望。）

Step 3 閱讀後—— **看完故事聊生活**

孩子對於跟自己外觀或行為不大一樣的人，有時不大能理解對方可能遇到的問題，因此會因太過率直，不自覺說出不禮貌或傷人的話。在孩子的成長過程中，如何讓孩子學習同理心是很重要的。透過繪本故事中的角色分析或模擬，讓孩子去試著思索如：「為何書中主角一開始總是愛生氣？」等問題。在這本書裡，除了能引導孩子認識腦性麻痺者外，也可以從中看到主角努力不懈，追求自我理想，並試著給他人幸福的正向能量。

與孩子共讀這本書後，我們可以跟孩子聊聊：

1. 你覺得故事中，哪種狀況是主角可能覺得最難過的呢？
2. 你的夢想是什麼呢？如果你是故事中的主角，你是不是能像她一樣，勇敢追逐夢想？
3. 你最喜歡啄木鳥女孩黃弈蓓畫的哪一幅畫？為什麼呢？
4. 與孩子一起蒐集有關黃弈蓓的相關報導，了解書中主角的真實事蹟。
5. 如果身旁有腦性麻痺的朋友，我們能怎麼去協助他呢？

生命教育　Daphne 的共讀筆記

與孩子共讀 *Woodpecker Girl* 時，每個孩子最喜歡的部分，就是插畫家 Heidi Doll 刻意設計的小白兔。找尋每個跨頁中的小白兔，成為閱讀這本書的另一個樂趣，孩子找到小白兔的速度總是比我還快呢！這隻小白兔是插畫家的一份暖心設計，凡是有啄木鳥女孩的地方，就有小白兔，象徵著插畫家想守護並陪伴著啄木鳥女孩（黃弈蓓）追尋夢想的每一刻。

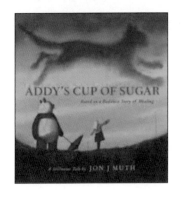

Addy's Cup of Sugar
文 圖 Jon J Muth

小女孩 Addy 和她的貓咪 Trumpet 一直是形影不離的最佳夥伴，沒想到 Trumpet 突然被車子撞死了！Addy 想要做些什麼，把最愛的 Trumpet 帶回這世間。她去找最睿智的智者熊貓 Stillwater 想辦法。Stillwater 告訴 Addy，有一種藥或許可以幫她找回 Trumpet，但是需要一個成分才能

完成。Addy 要拿著杯子去從沒面臨過死亡的家庭要一杯糖。在奔波的路上，Addy 意識到，這些她拜訪過的家庭，大家提到失去摯愛時的神情跟她好相似。原來，這樣的思念，大家都有。於是她懂了，這個特效藥不是要給 Trumpet 的，而是要給她的！但每當她想起 Trumpet 時，她依舊很難過。於是她問 Stillwater，到底要如何不再哀傷？讓我們跟著 Addy 和 Stillwater，一起學習面對生命中最沉重的課題吧！

The Elephant's New Shoe

文 Laurel Neme　圖 Ariel Landy

這是一本改編自真人真事的溫馨故事，內容是有關一隻亞洲小象 Chhouk。牠被找到時，一隻腳嚴重受傷，而且明顯營養不良。野生動物救援者 Nick 將牠帶回野生動物安置區給予照顧，但很可惜，小象受傷的腳無法痊癒。只剩三隻腳的小象，連走路都成了問題。於心不忍的 Nick 向各方尋求協助，起初都被拒絕，一直到他與 Cambodian School of Prosthetics and Orthotics 的醫師聯繫上之後，終於得到支援。他們嘗試了各種為小象做義肢的方法，最後終於成功地讓小象穿上像鞋子般的義肢。小象終於能夠自由自在地活動了。

閱讀新視野
認識校園中常聽到的疾病或症候群

在孩子的求學過程中，每班幾乎都有一些特殊狀況的孩子，很多孩子因為不了解他們的症狀，可能會因其行為而取笑或說些傷害性的話語。帶著孩子認識這些需要多些諒解的孩子們，培養孩子尊重不同個體，並懂得關懷他人，在他們成長的過程中，「心」的養成比學業成就更為重要呀！

妥瑞症（Tourette Syndrome、TS）：是一種抽動綜合症（tics），通常出現在學齡前至青春期。其症狀分聲音型和運動型抽動綜合症，如：不自主地發出清喉嚨的聲音、眨眼、搖頭晃腦或聳肩等，有些還會伴隨穢語症（粗暴或攻擊性的語言）、強迫症、過動症或注意力缺乏等狀況。這類型的孩子在學校常被視為是調皮搗蛋，而被誤解並用不適當的方式刻意矯正，有時也因其特殊行徑造成他人誤會或取笑。

過動症（Attention Deficit / Hyperactivity Disorder，ADHD）：注意力缺失暨過動主要表現有幾個部分，如：注意力不集中、活動量過多或行為衝動等。這類型的孩子常被認為是懶惰或沒毅力愛找藉口，甚至覺得這些孩子打罰都無效，講不聽等。正因為大多數人對於這樣的症狀不夠了解，所以選擇用硬性的方式去處理，反而造成無止境的惡性循環，互相傷害。針對不同狀況的孩子，需要給予適當的處理模式。

自閉症（Autism）：通常在孩童 2-3 歲時開始會注意到其特殊的狀況，一般來說是情緒、語言表達有障礙或社交互動的問題，有些則是會有反覆固

定行為的呈現。因此，這些孩童可能會表現出不理人、不能體會他人感受或情緒，或無法用一般小孩的方式來表達自己的想法；有些孩子則是會害怕原有環境或習慣的改變，而抗拒或哭鬧。

癲癇（Epilepsy）：癲癇是起因於腦細胞不正常放電所引起的；發作時可能呈現昏迷狀態，並有全身抽搐的現象，可能帶來無法預測的意外傷害，因此如果身邊有這樣的患者，除了要留意發作時呼吸道是否通暢，同時也要檢查患者的身邊是否有尖銳物品，會造成可能的傷害，並且立即請求醫療支援。

當周遭有這樣的孩子，除了身邊的朋友需要多點耐心，試著去協助或陪伴他們，讓他們不被歧視或錯誤對待是很重要的。當每個人都願意用善意對待他人，這個社會才會更友善美好，不是嗎？

生命教育
延伸閱讀書單

1 · *A Chair for My Mother*　　　　　文 圖 Vera Williams
2 · *A Sick Day for Amos McGee*　　文 Philip C. Stead　圖 Erin E. Stead
3 · *It's Not Very Complicated*　　　文 圖 Samuel Ribeyron
4 · *The Hundred Dresses*　　　　　文 Eleanor Estes　圖 Louis Slobodkin
5 · *The Invisible Boy*　　　　　　　文 Trudy Ludwig　圖 Patrice Barton
6 · *The Three Questions*　　　　　　文 圖 Jon J. Muth
7 · *The Way Back Home*　　　　　　文 圖 Oliver Jeffers
8 · *Under the Lemon Moon*　　　　　文 Edith Fine　圖 Rene Moreno

LET'S SWAP FOR A DAY

Shu-Ti Lia

REYCRAFT
BOOKS

4　Let's Swap for a Day

生涯規劃教育

文　圖 Shu-Ti Liao

出版社：REYCRAFT

閱讀技巧｜ Story Map
語言目標｜ 能表達自己喜歡做的事情
議題目標｜ 學習欣賞自己及他人的優缺點，發揮自己的
　　　　　　長處，學習做自己

許多孩子常看朋友帶來學校的東西心生羨慕，有時也會吵著向家長求取，卻忽略了自己身邊擁有的卻是朋友也期望的事物。在 *Let's Swap for a Day* 中的小主角阿妮也是如此，每天看著她最好的朋友妮妮自由自在地玩耍，實在超羨慕的！所以，她們竟然決定要來交換一天，體會一下彼此的生活。猜猜看最後她們對彼此的生活模式都滿意嗎？

阿妃和她的愛犬妮妮是超級好朋友。當阿妃看書時,妮妮總是窩在一旁陪著她。雖然她們很愛對方,但是有時她們還是會嫉妒對方的生活,所以,她們決定要交換一天,體驗一下彼此的生活。

色彩繽紛的圖畫,呈現童趣的輕快感

當阿妃過著妮妮生活的第一天早上,她唯一做的事情就是睡覺。妮妮則是手舞足蹈開心地去上學。到了下午,阿妃享受在陽光下游泳的樂趣、去公園玩飛盤,還偷偷把爸爸的假髮給藏起來。妮妮則是超認真上課、學畫圖和跟同學玩樂。此刻的生活對她們來說真是太美好了!

用英文繪本讀出孩子的素養力

直到……阿妮肚子餓了，但是在她眼前的只有妮妮的狗骨頭可以啃，這並不是阿妮想吃的餐點呀！妮妮也餓了，但是桌上只有蔬菜，妮妮不想吃這些蔬菜。

Things were getting worse . . .

"I don't want to poop outside!" I said.
Nini, on the other hand, really wanted
to do it in the grass—not in a bathroom.

更慘的是……阿妮不想要在室外嗯嗯，而妮妮卻想要在草地嗯嗯，而不是在廁所裡。所以，她們決定各自到自己想去的地方徹底解放，做回自己。

閱讀活動 3 步驟

Step 1

閱讀前——**認識單字**

家長可以與孩子一起想想日常生活中的作息有哪些？與孩子一起認識一天作息的相關字詞及休閒活動的説法。

Daily Routine 我的日常

get up
起床

wash face
洗臉

get dressed
換衣服

have breakfast
吃早餐

go to school
上學

talk with friends
與朋友聊天

have classes
上課

play basketball
打籃球

have lunch
吃午餐

go home
回家

do homework
寫作業

play video games
打電玩遊戲

have dinner
吃晚餐

take a bath/shower
洗澡

go to bed
上床睡覺

有關休閒活動的字詞

play badminton/soccer/baseball/tennis 打羽球 / 足球 / 棒球 / 網球
go swimming/jogging/rollerblading/cycling 游泳 / 慢跑 / 溜直排輪 / 騎單車
go for a walk 散步　　　　**hang out with friends** 跟朋友玩
play online games 玩線上遊戲　**read a newspaper/magazine** 看報紙 / 雜誌

閱讀時——**用 Story Map 學閱讀**

Who
Alphie & Nini
角色：Alphie 和 Nini

Where
home, school
地點：家、學校

Problems
They are jealous of each other's life, so they decided to swap for a day.
問題：他們忌妒彼此的生活，所以他們決定要彼此交換一天。

What did Alphie do?
Alphie 做了什麼事？
1. Slept until noon
   睡到中午
2. Swam in the sun
   在陽光下游泳
3. Played frisbee
   玩飛盤
4. Hid daddy's toupee
   藏爸爸的假髮

What did Nini do?
Nini 做了什麼事？
1. Danced all the way to school
   上學沿途跳舞
2. Concentrated on what the teacher said
   認真聽老師講課
3. Drew a portrait
   畫自畫像
4. Played with her classmates
   和同學玩

Solution
Alphie didn't want to poop outside, while Nini didn't want to poop in the bathroom. They are glad to be themselves again.
結果：Alphie 不想要在外面上大號，而 Nini 不想要在浴室上大號。
　　　他們很高興能夠再次做回自己。

大補帖 時間介係詞

繪本中，小女孩介紹自己和愛犬的生活作息時，用到許多時間介係詞，以下為常見的時間介係詞用法：

◆ in + 月份、季節、年

例 in the morning（在早上）

   in January（在一月）

   in winter（在冬天）

   in 2020（在 2020 年）

◆ on + 一日、週末、特定日期

例 on Friday（在週五）

   on the weekend（在週末）

   on June 18th（在六月十八日）

◆ at + 時刻

例 at 7 o'clock（在七點）

   at noon（在中午）

   at night（在晚上）

   at midnight（在午夜）

閱讀後——**看完故事聊生活**

我的生活和工作都常跟孩子一起相處，就不時會聽到他們羨慕別人的童言童語，如：「同學 A 的自動鉛筆好漂亮、朋友 B 都可以吃到漢堡薯條、鄰居 C 的媽媽都會帶他去露營或出國玩。」但是，這些羨慕他人的孩子們，其實生活環境也都不錯，家長也很好。只是，大家都只看自己沒有的，卻沒有看看自己擁有的，有時要適時提醒孩子，要多看看自己擁有的美好，學習知足常樂的態度呀！

與孩子共讀這本書後，我們可以跟孩子聊聊：

1. Alphie 和 Nini 為何會想要交換體驗對方的生活呢？
2. 如果你有機會跟一個人交換一天，你想要跟誰交換？為什麼？
3. 如果你有機會跟一種動物或任何事物交換一天，你想要與什麼交換？
4. 你覺得生活中有哪些事情是會讓你不開心呢？
5. 生活中又有哪些事情讓你覺得很滿意呢？

與孩子一同紀錄寫下閱讀收穫

Daphne 的共讀筆記

跟孩子共讀這本書時，兩個孩子表示有想要交換的對象，哥哥想要跟小鳥交換一天，因為他覺得小鳥能自由自在飛翔，真的很快樂（因為哥是國中生，學業和功課都挺繁重的，所以能理解他的感受）。而妹妹則是說想跟媽媽互換一天，因為她覺得媽媽都可以發號司令，不用上學（這位小朋友，媽媽是已經渡過那樣的生活了，好嗎？）而且，媽媽還可以在臉上抹上亮晶晶的漂亮化妝品，所以她很想當媽媽。但是，如果真讓他們都願望成真，當一天各自想當的人物，真的會比較快樂嗎？那可真的就不好說囉！

更多的生涯規劃教育書

Be You!
文 圖 Peter H. Reynolds

Peter H. Reynolds 擅長以優美充滿童趣的意境畫風，並搭配正向積極的文字來鼓勵讀者，尤其是鼓勵孩子勇敢表現自己的感受，找到自己的特色。書中一開始就告訴讀者，打從出生，你就有著許多的可能。無論未來的道路怎麼前行，希望大家都能「做自己」。接著，作者給大家許多正向的建議，如何學習做自己，如：要充滿好奇心、要具有冒險的精神、要善良、要勇敢、要具有獨立思考的能力等等。有時要做自己不是件容易的事情，有時要傾聽自己內心的想法，堅持做良善的自己，更重要的是當你這樣做時，你會知道你是被愛的。當一切都備妥，你已經準備好「做自己」了！

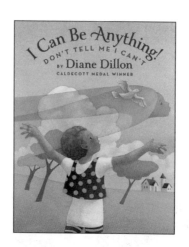

I Can Be Anything! Don't Tell Me I Can't

文 圖 Diane Dillon

Zoe 展開雙手對世界大喊，我可以做任何我想要做的事。當我是一隻小鳥，我可以在天空中隨風飛翔。但，有個微小的聲音詢問她：萬一你掉下來呢？Zoe 告訴他：不會的，因為小鳥有翅膀，如果我累了，可以停在我想要去的一個星球，然後跟當地人喝個下午茶再回家。那萬一你找不到回家的路呢？就這樣，一來一往的答問，Zoe 努力告訴那個聲音自己對於未來的熱情，而那個聲音總是以擔心害怕的心情來詢問 Zoe。Zoe 大聲告訴那個聲音，不要告訴我不能做什麼，我可以做任何事情，但是我知道我要先做的是「學會閱讀」，因為書裡可以告訴我想學的東西，不要再告訴我不能做什麼了！

Diane Dillon 曾獲美國圖書館協會所頒發的兒童繪本大獎——凱迪克獎（Caldecott Medal）。她在本書中呈現小女孩積極正向的態度與內心恐懼的聲音對話互動，說明人人都有夢想，但內心總藏著某種恐懼的心情。當想做一件事情時，克服內心恐懼的第一步就是學習，而閱讀正是啟動那把學習鑰匙的最開端，鼓勵孩子要多方閱讀，學習各種知識，拓展視野。當萬事俱備，夢想終會成真。

閱讀新視野
職業體驗營大彙整

不管在國內或旅居他鄉，只要有機會讓孩子去參觀、體驗的活動，我幾乎都會讓孩子去看看。兩個孩子就曾參訪過美國太空總署 NASA 在加州的 JPL[註1]，以及當地警察局和消防局的 Open House[註2]。

臺北曾有個很有名的兒童職業體驗館（已停運），總是吸引不少家長帶孩子去玩樂體驗，我也不例外。兩個孩子除了學校戶外教學曾去過，我自己也會趁寒暑假帶孩子們去玩。但隨著孩子大了，為了讓孩子能體驗更多跟未來職場有關的機會，我開始在網路上搜集許多營隊資訊，就是希望能讓孩子從中學習不同領域的知識、實用技能。以下是體驗活動：

（幼童版）各大超商、賣場及速食店小小店員體驗活動

超商的體驗活動大致涵蓋幾個項目：微笑招呼、整理架上商品、收銀服務，最後給小證書和禮品。通常店員會先向孩子們介紹當日的學習項目，也會介紹商品相關的常識（如：產品有效期限怎麼看、如何正確擺放物品在架子上等）。活動結束後，小朋友往往都能拿到許多贈品，開心回家。

超商店員活動體驗

（小學生版）各大學專校寒暑假營隊及各營業單位活動

我家孩子國小三年級後陸續參加了臺灣大學各
系所辦的寒暑假活動，如小小牙醫營、獸醫
營、機械營等等；各縣市圖書館也會不定期舉
辦小小圖書館員、新板藝廊的小小修護師、流
浪動物之家志工、博物館員等多項體驗活動。

新板藝廊小小修護師活動場地

臺灣的家長都很認真培養孩子，每次參加這類型的活動，光是報名就要比誰
眼明手快。體驗過程大部分都是充滿歡樂，但是如何善用這些活動，讓孩子
從中學習及探索自己未來的生涯發展，將是家長與孩子很重要的學習課題啊！

註 1：噴射推進實驗室（Jet Propulsion Laboratory，JPL）
　　　位於美國加州 Pasadena，是美國國家航空暨太空總署的其中一個機
　　　構，主負責開發及管理無人太空探測任務。其主要專案有火星科學
　　　實驗任務、火星勘測軌域飛行器、環繞木星探測器等。

註 2：Open House 即免費參觀日或開放日，在國外不時會有學校、機構或工廠提供
　　　員工的親友或大眾參觀他們的廠房，讓大眾更了解其運作的方式。

**生涯規劃
教育**
延伸閱讀書單

1. *Astronaut Handbook* ⎯⎯⎯⎯⎯⎯⎯⎯⎯　 ⓧ Ⓘ Meghan McCarthy
2. *Clothesline Clues to Jobs People Do* ⎯⎯　 ⓧ Kathryn Heling & Deborah Hembrook
　　　　　　　　　　　　　　　　　　　　 Ⓘ Andy Robert Davies
3. *I'm Brave!* 　　　　　　　　　　　　　 ⓧ Ⓘ Kate and Jim Mcmullan
4. *Lion Lessons* 　　　　　　　　　　　　 ⓧ Ⓘ Jon Agee
5. *Officer Buckle and Gloria* 　　　　　　 ⓧ Ⓘ Peggy Rathmann
6. *The Crocodile and the Dentist* 　　　　 ⓧ Ⓘ Taro Gomi
7. *The Paper Boy* 　　　　　　　　　　　 ⓧ Ⓘ Dav Pilkey
8. *What Do People Do All Day?* 　　　　　 ⓧ Ⓘ Richard Scarry

ROU
AND THE
GREAT
RACE

PAM FONG

REYCRAFT
BOOKS

Rou and the Great Race

文 圖 Pam Fong

出版社：REYCRAFT

閱讀技巧｜ Story Map

語言目標｜認識有關花的相關英文字詞

議題目標｜認識人權的基本概念，並懂得人權與民主法
治的關係

當連欣賞美麗的花朵都僅限特權者才能擁有，這樣的階級社會對
老百姓到底會造成哪些衝擊呢？故事中的小女孩 Rou，因想讓奶
奶看到美麗的花朵，不畏強權的她，想藉由比賽奪冠贏得花朵，
拿給奶奶欣賞，但事情會順利嗎？小故事大啟示，跟著 Rou 一起
思索人權的重要性。

在小女孩 Rou 所住的城市裡，曾經開滿了美麗的花朵，人人可看、可聞、可欣賞。但自從權貴們來到這座城市後，他們把所有的花搜刮一空，只讓權貴們獨享欣賞。

Rou 的奶奶懷念起過往曾經能自在賞花的時光，隨時往窗外遠去，朝氣蓬勃的花朵就在前方微笑招手。每晚，奶奶總是會談起花朵的事情，談著談著彷彿就能感受到花朵的芬芳。

那些權貴們，每年只會挑出一盆花來跟眾人分享，大家就會齊聚在一起等待花開的時刻。當花開那一刻，權貴們就會宣布盛大比賽的日期。所有的孩子都獲邀參加賽跑，只有比賽獲勝的孩子，才有資格擁有那盆花。

為了讓奶奶開心的 Rou，決定要參加這場比賽，於是 Rou 夜以繼日不懈怠地完成各項規劃訓練，就是為了讓自己能充分準備，好贏得比賽。Rou 滿心期待能把花帶回家，給奶奶一個超級大驚喜。

"This year, I will enter the race," thought Rou.

"And I know I can **win**."

終於到了比賽那天，Rou 拚盡全力，一路往前衝。無奈嬌小的她仍不及那些比她年長的大哥哥大姊姊們。然而，那些比她跑還快的人，不僅沒珍惜那盆花，還把花弄得支離破碎、散落一地。

傷心的 Rou 坐在花瓣旁啜泣。突然間，她發現滿地的花瓣中，竟然有個殘留的花根。Rou 拾起了花根並帶回家。隔年她不再參加這場賽跑比賽，她留在家裡幫助奶奶照顧她倆的小花室，並分享給身邊的朋友們欣賞。

閱讀活動 3 步驟

Step 1

很多人喜歡種花草植物,並享受花朵綻放的時刻。花朵的結構由哪些部份組成呢?園藝的必學英文字詞又有哪些呢?

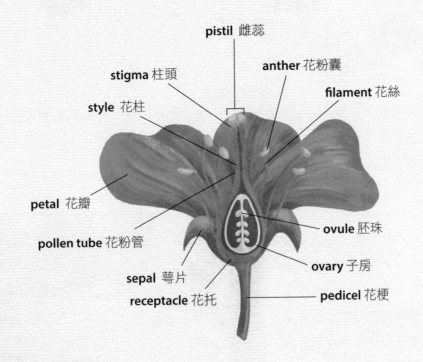

pistil 雌蕊

anther 花粉囊

filament 花絲

stigma 柱頭

style 花柱

petal 花瓣

pollen tube 花粉管

ovule 胚珠

ovary 子房

sepal 萼片

receptacle 花托

pedicel 花梗

與園藝有關的字詞

soil 土壤	**seed** 種子	**weed** 野草
shovel 鏟子	**vase** 花瓶	**flowerpot** 花盆
bucket 水桶	**fertilizer** 肥料	**watering can** 灑水器
gardener 園丁	**lawn mower** 除草機	**hedge shears** 園藝剪

no longer 不再	**collect** 收集	**remaining** 其餘的
remember 記得	**different** 不同的	**change** 改變
recall 回想	**smell** 味道	**bloom** 開花
announce 宣布	**invite** 邀請	**race** 競賽

Step 2　閱讀時——用 Story Map 學閱讀

Who：Rou, her grandma, power people

人物：Rou、她的祖母、有權勢的人們

Where：the city where Rou and her grandma lived

場景：Rou 和她祖母居住的城市

Problems 問題

1. Power people took all the flowers for themselves only.
   有權勢的人們把花朵都拿走獨享。
2. Rou lost the race. Rou 輸掉了比賽。

Solution：Rou found a root of a flower and she grew it with her grandma at home. They shared the flowers with friends.

結果：Rou 找到了一朵花的根，她和祖母在家裡種植這朵花。她們養殖出來的花朵與朋友們分享。

中文的比賽、競賽基本上有雷同的意思，但在英文裡則有好幾個不同關於比賽的單字。以下是比較用法：

♦ **race**「速度」比賽，通常有起點和終點的比賽：
例 running race（賽跑）、car race（賽車）

♦ **game**「遊戲」比賽，有些「球類」比賽也會用 game 這個字：
例 card game（撲克牌比賽）、baseball game（棒球賽）

♦ **contest** 多指「靜態非運動」的比賽：
例 beauty contest（選美比賽）、singing contest（歌唱比賽）

♦ **competition** 泛指「正規型」比賽，也有「利益競爭」的涵義：
例 gymnastics competition（體操比賽）
business competition（商業競爭）

♦ **tournament** 一系列的「錦標賽」：
例 golf tournament（高爾夫球錦標賽）
tennis tournament（網球錦標賽）

♦ **match**（英式用法）「兩人或兩隊的對打」比賽：
例 football match（足球賽）、boxing match（拳擊賽）

Step 3　閱讀後——**看完故事聊生活**

孩子常會對大人說「不公平，為何你們大人可以……，我們小孩就不行……」，有時想想除了基本的教養管教外，我們是不是也會像書中的權貴一樣，行使屬於大人的「特權」，而對孩子提出不適當的要求呢？小至家庭、學校，大至社會、國際，權與利從來都不曾缺席。讓孩子知道如何善用權與利去幫助有需要的人，與反對霸凌、杜絕欺壓弱勢一樣重要。此外，讓孩子學習捍衛自身權益，不被他人剝奪，懂得保護自己是人生很重要的觀念呀！

與孩子共讀這本書後，我們可以跟孩子聊聊：

1. *Rou and the Great Race* 裡的 Power people 為何要把花都全收走？
2. 生活中有什麼你最喜歡的東西？如果有人把你平常喜歡的東西，通通搜刮走，你會怎麼辦？
3. 你覺得 Rou 是個什麼樣的小女孩？如果你是 Rou，你還能怎麼做來讓這個城市更美好？
4. 你覺得如果那些 Power people 知道 Rou 把自己種的花分給別人，他們會怎麼做？
5. 社會上有哪些人是所謂的 Power people ？如果你有天也成為了權貴之人，你想要做哪些事情呢？

Daphne 的共讀筆記

Rou and the Great Race 裡的用字淺顯易懂，孩子能夠很快理解所謂的權貴因自身的優勢，所能掌控的利益之龐大，而一般百姓只能任由宰割。孩子在閱讀時，一定會憤慨不已，替老奶奶和小女孩感到不平。這時，我們就可以讓孩子去想想有一天，如果自己能成為一個有權力的人，是不是應該要善用這些權力，去幫助他人，而不是欺負弱小。就像孩子在學校當小老師或股長時，是不是能先從幫助學習困難的孩子開始呢？這個世界從不缺權貴之人，但如果從小能在每個孩子心中種下一顆「善」的種子，當孩子長大後，也會因這顆善的種子得道多助，讓社會多些溫暖吧！

更多的人權教育書

The Rooster Who Would Not Be Quiet!

⊗ Carmen Agra Deedy ▦ Eugene Yelchin

有一個很歡樂卻也很吵雜的小鎮，吵到人民想睡都睡不好的程度。因此，鎮民決定選出一位管很大的鎮長，好好管理這座小鎮。這位鎮長上任後，限制所有能發出聲音的活動，連茶壺煮沸的吱吱聲都不能有。鎮上從此過著無聲的日子。直到某一天有隻公雞受夠了，牠要做公雞本來就該做的事，那就是大聲的咕咕啼叫。無畏各方的壓力及來自鎮長的威脅，公雞靠自己的雞啼為那些不敢唱或忘記要怎麼唱的鎮民而鳴唱。牠要提醒大家不要忽視自己原有的權益，要為自己勇敢發聲！

故事中的小鎮不就是現實各類社會的縮影嗎？小至學校、社區、職場，大至財團、政府、國際，任何地方都會有強欺弱的現象。透過這本獲獎無數的趣味繪本，與孩子談論深遠且可貴的人權真諦吧！

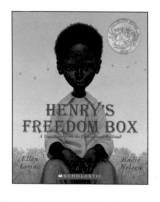

Henry's Freedom Box

文 Ellen Levein　圖 Kadir Nelson

打從出生就是奴隸的亨利，連自己的生日都沒有知道的權利。在主人家活得戰戰兢兢，甚至連自己深愛的家人被變賣都無法阻止。這樣的奴隸人生直到他遇到了貴人史密斯後，終於有了轉機。亨利把自己藏在將要郵寄的箱子裡，透過史密斯的幫助下，歷經重重關卡，終於他逃離了奴隸生活，讓自己有重生的無限可能。

這本 *Henry's Freedom Box* 改編自真實故事，書中的亨利其實在 1850 年逃到了英國，並在之後成為了廢奴主義的演說家，而這本書在 2008 年榮獲凱迪克銀獎。能在自由的國度，享有自由的權利，是件多麼幸福的事情呀！

閱讀新視野
認識臺灣新文化運動

現在的孩子很難想像什麼是不自由的年代或沒有人權的生活，因為打從出生的那刻起，他們就呼吸著自由的空氣。在愛的教育為主的教養體系下，孩子們應該很難想像曾經有些人在這片土地上，為了追求自由、民主、人權而拋頭顱、灑熱血吧！找時間跟孩子一起來趟歷史文化之旅，透過回顧過去的事件，學習珍惜現有的美好。

位於臺北大稻埕附近的「臺灣新文化運動紀念館」，前身為市定古蹟「臺北北警察署」舊址。2018 年開館至今，以保存及發揚「新文化運動」的民主精神與歷史事件為成立宗旨。

什麼是「臺灣新文化運動」呢？大稻埕的商業發展自 1860 年開港通商後，碼頭林立著洋行及茶商等店家，更因 1895 年臺灣進入日治時期，其多元文化的氛圍，形成各地文人雅士齊聚之地。

到了 1920 年代，臺灣的知識份子因受到辛亥革命及世界民族主義、社會主義的影響，決心以非武裝方式來對抗外來殖民政府。1921 年林獻堂、蔣渭水等人號召成立「臺灣文化協會」，該協會透過舉辦演講、演出話劇、發行《臺灣民報》與日本官方的《日日新報》抗衡，向當時的臺灣民眾宣揚民主新思維。

用英文繪本讀出孩子的素養力

在那動亂的年代，除了需要有深悟的思維覺醒外，還要有十足的勇氣才能向當權者發聲。這過程有淚水、有汗水，更有無數人的犧牲。當年因這些先賢們的努力，引領了臺灣史上的文化啟蒙，產生重大的影響。

在「臺灣新文化運動紀念館」內，不僅能看到有關當年的相關歷史事蹟外，還保留著當時日治時代拘留犯人的水牢及拘留室。透過這些歷史的紀錄，讓孩子體悟正因曾有前人栽樹，後人才能乘涼。當我們正享受這些自由的美好時，要有顆懂得感恩珍惜的心。

臺灣新文化運動紀念館
◎ 臺北市大同區寧夏路 87 號

註：相關資料取自維基百科及臺灣新文化運動紀念館官網

人權教育
延伸閱讀書單

1. *Dreams of Freedom* .... 文 圖 Amnesty International
2. *Her Right Foot* .... 文 Dave Eggers　圖 Shawn Harris
3. *Same, Same But Different* .... 文 圖 Jenny Sue Kostecki-Shaw
4. *Separate Is Never Equal* .... 文 圖 Duncan Tonatiuh
5. *The Peace Book* .... 文 圖 Todd Parr
6. *Voice of Freedom: Fannie Lou Hammer,* 文 Carole Boston
   Spirit of the Civil Rights Movement 圖 Ekua Holmes
7. *We Are All Born Free* .... 文 圖 Amnesty International
8. *We March* .... 文 圖 Shane W. Evans

Call Me Max

BY KYLE LUKOFF • ILLUSTRATED BY LUCIANO LOZANO

REYCRAFT
BOOKS

6
性別平等
教育

Call Me Max

文 Kyle Lukoff　　圖 Luciano Lozano

出版社：REYCRAFT

閱讀技巧｜ Story Structure
語言目標｜ 能閱讀短篇章節故事，並學習陳述生活點滴
議題目標｜ 學習認識自己的身體及性別，並尊重性別的
　　　　　　多元性

性別平等（gender equality）在聯合國《世界人權宣言》（Universal
Declaration of Human Rights, UDHR）中，是最為重視推廣的目
標之一，強調在法律體制及社會環境中，保障男女平等及性別平
權，不因性別而受歧視。現今的環境中，越來越多人能理解性別
平等的重要，不單是口號，而是需要從小給予尊重不同性別的價
值觀。在這本短篇章節故事 *Call Me Max*，我們將陪伴孩子從認識
Max 的過程中，學習認識自己的身體，並尊重他人的重要。

翻開繪本的第一章，一個孩子站在浴室的小凳子上，看著鏡中的自己。在孩子的眼中，自己是個在夏天就會把皮膚曬黑的男孩、抹髮蠟抓成刺蝟頭的男孩。這個孩子是位跨性別者[註]。

當孩子出生時，爸媽對著孩子說「這是個女孩耶！」當孩子看著鏡子時，他似乎看到的是個女孩，但因為他是位跨性別者，所以他想要看到的自己是個男孩。

一開始，當孩子戴上爸爸的領帶、穿上蝙蝠俠的衣服睡覺時，爸媽都覺得真是很可愛。當爸媽買了件洋裝要孩子第一天上學時穿，他卻故意把洋裝弄丟，因為他只想穿自己喜歡的服裝。

起初，Max 擔心上學會因為看不懂字或不知道怎麼跟他人玩樂而很難適應，但沒想到真令他困擾的卻是其他問題。在家裡，家人們共用一間廁所，沒分男女，但是在學校 Max 卻不知道要去哪一間上才對，女廁還是男廁呢？他去上女廁，女生看到他會驚慌失措；他去男廁，卻看到小朋友們竊竊私語。所以，Max 只好少喝水才不會老跑廁所。

註：跨性別（transgender）指生理性別（sex）與自我性別認同（gender identity）不同。
　　若跨性別者以醫學方式將性別做轉換，則是變性人（資料參考自維基百科）。

Max 的好朋友 Teresa 曾問 Max 為何想當男孩？Max 告訴 Teresa 因為他不覺得自己是個女孩。然後他跟好友 Steven 說自己不喜歡穿洋裝。Steven 看著自己身上穿的洋裝，告訴 Max 這件是他最喜歡的洋裝，但他也喜歡當個男孩呀。

有一天，Max 的雙親察覺到 Max 在學校用的名字跟家中不同，Max 跟父母聊了自己的想法後，他們透過老師的協助下，找到了跟 Max 有一樣想法的朋友，大家學習如何用適當的態度來看待 Max 的想法，並學習尊重跨性別者的選擇。

無論你是男生或女生，最重要的是做你自己！

書中運用淺顯易懂的圖文說明，讓孩子了解跨性別的意涵

閱讀活動 3 步驟

Step
1

閱讀前——認識單字

英文中有些單字以現在來看稍具有性別上的爭議，如 policeman，誰説警察只有男生呢？所以現在都會用 police officer 來取代 policeman 這個用字。還有哪些用詞因性別平等的緣故，而有了用法上的改變呢？

- ✦ fireman – firefighter 消防員
- ✦ mailman – mail carrier 郵差
- ✦ chairman – chairperson 主席
- ✦ mankind – humanity 人類

- ✦ waiter/waitress – server/waitron 服務生
- ✦ salesman – salesperson 業務員
- ✦ businessman – business person 商人
- ✦ stewardess– flight attendant 空服員

性別平等相關的字詞

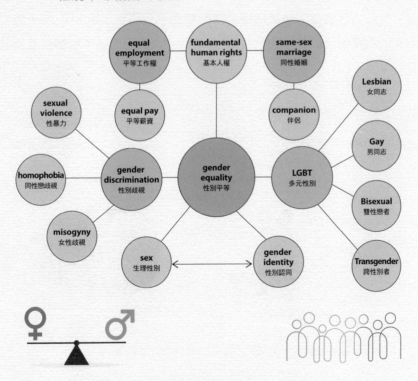

tan 曬黑的	**transportation** 傳輸	**grown-up** 成人
brand-new 嶄新的	**mirror** 鏡子	**overalls** 吊帶褲
private 私人的	**make sense** 合理	**scare** 驚恐
giggle 竊笑	**gross** 噁心的	**tease** 取笑

Step 2

閱讀時──用 Story Structure 學閱讀

Climax

Max's parents heard Max's friends call them Max instead of their real name at home.

情節高潮

Max 的父母聽到 Max 的朋友稱他 Max，而不是他在家真的在用的名字。

Rising Action

When Max is at school, they^(註) don't know which bathroom they should pick, girls' bathroom or boys' bathroom.

劇情鋪陳

當 Max 在學校時，他不知道應該要去上哪間廁所，是去女廁還是男廁。

Falling Action

Max's parents talked to the teacher and they found a group of the same situation.

故事收尾

Max 的父母將事情向老師反應，並一同找到有相同情況的團體。

Exposition

Max is transgender.

背景說明

Max 是位跨性別者。

Resolution

Max told the class that they were transgender.

最後結局

Max 告訴全班的同學自己是一位跨性別者。

註：現代英文為表達尊重多元的性別認同，使用「非二元性別」（non-binary gender）單數人稱代名詞 "they/them/their"（他們；他們的）代替二元生理性別 he/she。2019 年美式英語權威辭典《韋氏大辭典》（Merriam-Webster）增訂 they 的第四個定義，使用單數作為非二元性別認同者的人稱。同年 they 也被選為年度風雲單字。特別注意用法，儘管這裡的 they 是單數人稱，動詞依然使用複數人稱的形式：例 They are my friend.（他是我的朋友），be 動詞 are，但 friend 為單數。

 複合字（compound word）

複合字指將兩個分別的字詞合在一起後，形成一個新字詞，這個字就是複合字。最常見的形式有：

✦ 分開字詞（open compound）

　例 ice cream（冰淇淋）、living room（客廳）、cell phone（手機）

✦ 合併字詞（close compound）

　例 transgender（跨性別者）、notebook（筆記本）

✦ 連字號字詞（hyphenated compound）

　例 mother-in-law（岳母；婆婆）、high-tech（高科技的）

故事中除了 transgender，還有 goldfish（金魚）、grown-up（成人）、bathroom（浴室）和 dress-up（打扮）等複合字。

閱讀後—— **看完故事聊生活**

Step 3

在這個多元的社會中，有些人也和書中的 Max 一樣，隨著成長逐漸認識自己，肯定性別認同。在這過程中，可能困惑、懷疑自我，害怕向他人訴説內心情感，總是需要更大的勇氣與堅持，最終才能真正肯定自己。很多人因為不了解跨性別者，所以給他們貼上標籤、甚至嘲諷對方。但，如果每個人都能選擇輕鬆的生活去過，為何要選擇辛苦的去面對呢？

曾經與外子討論過，如果有天孩子告訴我們，他 / 她是跨性別者，要怎麼面對？我想我們的結論是一致的：從他們出生那天，我們最初的希望就是他們要平安健康快樂的過人生，而身為父母能做的第一步就是做孩子最強的後盾，當他們在外面受到委屈傷害時，還有個溫暖的地方讓他喘息休息。無論他愛的是同性、異性，或任何多元性別認同者，我只希望愛我孩子的人，能懂他 / 她、愛他 / 她，以及珍惜他 / 她，足矣～

與孩子共讀這本書後，我們可以跟孩子聊聊：

1. 你身邊有像 Max 或 Steven 的朋友嗎？他們和你的相同和相異處是什麼？
2. 如果你是 Max 或 Steven，你希望朋友怎麼跟你相處？
3. 你覺得生活中 Max 或 Steven 有可能會遇到哪些困境？你能怎麼協助他們呢？
4. 男生和女生在生理結構上有哪些不同？這些不同可能會造成哪些影響呢？
5. 為何兩性平等很重要？在兩性不平等的情境甚至國家中，可能會有那些問題產生呢？

Daphne 的共讀筆記

在路上曾經跟我家小妞看到一個大男生，穿著裙子，手上塗著鮮艷的指甲油，因為剛好在等紅燈，所以小妞看得很仔細。於是，小妞小聲地對我說：媽媽，他的指甲是紅色的耶！我淡淡地笑著回：「所以你覺得……？」小妞想了一下：「很好呀！他開心就好了。」我回小妞：「對呀！他開心做自己就好，不是嗎？」

有了孩子後，我學習著不用原有的刻板傳統思維去教育他們，小時候我們的父母給我們的觀念，不一定適用於現在的孩子身上。身邊有不少跨性別的朋友，他們要面對的問題已經比一般非跨性別的人多很多了，如果我們無法用同理心對待他們，至少不要增加他們的壓力。尊重他人的選擇，是民主素養國家中每個人都要學習的一個課題，不是嗎？

更多的性別平等教育書

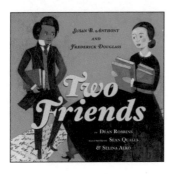

Two Friends: Susan B. Anthony and Frederick Douglass

ⓕ Dean Robbins　ⓖ Sean Qualls & Selina Alko

Susan B. Anthony^{（註1）}從小就想學那些老師只教男生，卻不教女生的事情，因為他們說女生不需要知道那些重要的事情，女生只要長大後，生養小孩就好。但 Susan 不甘於如此，因此她去研讀美國人權。而 Frederick Douglass^{（註2）}是南方長大的奴隸小孩，只能聽主人的命令做事，但是他想要更多，所以他偷偷地學習讀寫。有天他讀到美國權利，有人能享有權利，有人卻沒有，為何他不能擁有跟他人相同的權利呢？於是，Susan 和 Frederick 各自為了自己要追求的夢想展開了一連串的奮戰，他們相互協助下，努力達成他們的目標，讓女性及非裔美國人享有他們應有的權利。

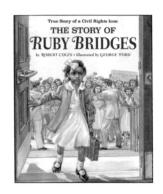

The Story of Ruby Bridges
文 Robert Coles　圖 George Ford

在 1960 年，六歲的 Ruby Bridges 和她的家人舉家前往紐奧爾良居住。當時因「布朗控告托彼卡教育委員會案」^{（註3）}讓她成為路易斯安那州首位進入全白人的小學（William Frantz Elementary School）的非裔美國人，許多白人家長因此抗拒將自家小孩送進學校與她共學，讓她陷入艱難困境。讓我們一起了解六歲的非裔女孩，如何面對求學中排山倒海而來的壓力，如何以她的勇氣克服當時威嚇的聲浪，成為日後美國民權運動者。

註 1：Susan B. Anthony 是美國民權運動領袖者之一，她在 19 世紀美國女性投票權運動中佔有關鍵角色。她也是女權雜誌《革命》（The Revolution）的創辦者之一。
註 2：Frederick Douglass 是廢除奴隸制度與社會改革的領袖之一，畢生爭取非裔美國人的權益。
註 3：布朗控告托彼卡教育委員會案（Brown v. Board of Education of Topeka）是 1954 年 5 月 17 日由美國最高法院判定的法案。針對黑人與白人不得進入同一所學校就讀的爭論做出一個歷史性的改變。在這判決後，學童不得基於種族因素被拒絕入學，終止了當時美國社會存在已久，白人與非裔必須分別讀不同公立學校的舊習。

閱讀新視野
性別平等議題的電影賞析

電影欣賞不僅是一種生活上的休閒，有時透過電影也能去思索很多重要的議題，因為好的電影除了有鮮明的主題，更多時候擔任了傳遞正面思維的媒介，讓觀眾在看過之後，能從中獲得不同的省思。

以下彙整一些有關性別平等議題的電影，當假日有空時，不妨跟孩子一起欣賞影片，不僅能增進親子關係，還能從中了解彼此的想法喔！

✦ 《花木蘭 / Mulan》 上映年份：1998
由迪士尼製作的動畫電影，講述中國女子花木蘭代父從軍的女性英雄故事。花木蘭原是家中獨女，因父親有傷無法上場打仗，偷偷代替父親，女扮男裝從軍的故事。

✦ 《舞動人生 / Billy Elliot》 上映年份：2000
故事講述有個 12 歲的英國男孩 Billy，熱衷舞蹈，想成為一位芭蕾舞蹈家。但是他的父親希望他成為一位拳擊手。但熱愛跳舞的 Billy 背著父親，常常翹掉拳擊課，偷偷去上舞蹈課。在他舞蹈老師的協助下，最終成為了一位成功的芭蕾舞者。

✦ 《金髮尤物 / Legally Blonde》 上映年份：2001
很多人把金髮的女生視為美麗卻無腦的象徵，這部電影的女主角一開始就是以這樣的形象出現，她所做的事情都會被人看低，直到她因要挽回前男友，所以考進哈佛法學院就讀，克服了各種歧視，努力證明自己的能力。這是一部喜劇卻讓人省思刻板印象對他人所造成的影響有多大，正如劇中女主角畢業致詞時曾說：You must always have faith in people, and most importantly, you must always have faith in yourself. 你必須對人們有信心，但更重要的是你必須相信自己。

✦ 《女權之聲：無懼年代 / Suffragette》 上映年份：2015
這是第一部獲得英國國會議員批准在國會大廈拍攝的改編歷史電影。講述在 1912 年，一位女洗衣工，每天跟男人一樣辛勤工作，回家後依舊要忙於

家務，還要忍受丈夫的粗暴對待。因一場暴亂，從此改變她的人生，轉變成參與各種女權運動的鬥士。

✦ 《我和我的冠軍女兒 / Dangal》 上映年份：2016

這部印度電影改編於真人真事，講述角力金牌得主瑪哈維亞獨立訓練自己的兩個女兒成為角力國手，在國際運動會上代表印度贏得榮耀的故事。為了打破眾人認為角力是屬於男生的運動，父親用各種方式訓練女兒們，在訓練過程中，女兒們也曾挫敗、甚至想放棄，但是，為了自己也為了打破對女人既有的偏見，最終在賽場上贏得了榮耀。

✦ 《關鍵少數 / Hidden Figures》 上映年份：2016

關於太空探索、登陸月球等航太事件，我們可能認為參與者清一色都是男性太空人。但這部電影卻將不為人知的真實故事呈現出來，講述一群聰明的女性對於航太技術發展的貢獻。電影中的三位女性，不僅要克服性別上的歧見、還有種族上及專業上的考驗，透過本片讓人思考任何人都有機會替科技做出貢獻，無論性別、種族或出身背景。

性別平等涵蓋的層面除了引導孩子尊重彼此身體的自主權及隱私，還有學習正確的性知識，學習保護自己的身體。性別平等教育有助於幫助孩子理解不同的性別特質及性傾向，培養孩子自重及尊重多元的觀念，才能減少歧視及霸凌。

性別平等
教育
延伸閱讀書單

1 · *Julián Is a Mermaid* ⸺⸺⸺⸺⸺⸺ 文 圖 Jessica Love
2 · *Mae Among the Stars* ⸺⸺⸺ 文 Roda Ahmed 圖 Stasia Burrington
3 · *Malala's Magic Pencil* ⸺⸺⸺ 文 Malala Yousafzai 圖 Kerascoët
4 · *Mirette on the High Wire* ⸺⸺⸺ 文 圖 Emily Arnold McCully
5 · *No Difference Between Us* ⸺⸺ 文 Jayneen Sanders 圖 Amanda Gulliver
6 · *Shaking Things Up: 14 Young Women Who Changed the World*
　　　　　　　　　　　　　　　　　　　　 文 圖 Susan Hood
7 · *Shark Lady* ⸺⸺⸺⸺⸺ 文 Jess Keating 圖 Marta Alvarez Miguens
8 · *The Story of Ferdinand* ⸺⸺⸺ 文 Munro Leaf 圖 Robert Lawson

FLY GUY PRESENTS

POLICE OFFICERS

Tedd Arnold

SCHOLASTIC

7　法治教育

Fly Guy Presents Police Officers

文 圖 Tedd Arnold
出版社：SCHOLASTIC

閱讀技巧｜ KWL Chart
語言目標｜ 能夠陳述警察工作的相關知識
議題目標｜ 了解執法人員的工作內容，學習做個守法制
　　　　　　的好公民

我們每日能安居樂業地生活，都要感謝一群守護著這塊土地上的付出者，他們維護秩序，保護我們每個人的安全。在你腦海中，有哪些職業是跟守護社會正義有關的呢？當你遇到危險或目睹路上發生車禍，你要如何協助處理呢？讓繪本界聰明又討喜的小蒼蠅，帶著我們一起認識「警察」這份職務喔！

小男孩 Buzz 養了一個很特別的寵物，是個叫 Fly Guy 的蒼蠅。有天他們一起前往警察局，因為 Buzz 要帶 Fly Guy 去看看真正的人民英雄——警察。

書中對美國的警政系統做基本的介紹，如：全美國大約有 18,000 個警政單位，有些警察局有健身房，讓警察能隨時訓練體能。在警察局裡通常會有拘留室來收容被逮捕的犯人。

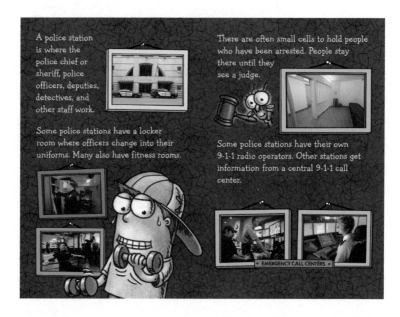

此外，書中也用易懂的方式來解釋法律，如：法律就是一種規則，人們不能未經允許拿取他人物品或進入私人住所。如果有人不遵守這些規則，那就是違法。而看到犯罪過程的人就叫做證人。

警察穿制服是要讓人易於辨識，當人們需要幫助時，看到穿這樣制服的人就可以給予協助。書中除了解說警察常用的裝備，還介紹各地警察執勤務所使用的不同交通工具，讓孩子對於警察這職業有更多的了解。

另外，除了我們平常在警匪片中看到的警察外，還有其他警務單位，如：探長、犯罪偵緝調查員和特警隊等。警犬在維護治安上的貢獻也不小，當然書中也有特別介紹喔！

那，要怎麼成為一位超級英雄——警察呢？首先，要先報考警察學校。在學校裡，要學習使用不同的武器或健身等課程。通過學校的訓練後，才能成為一位警察。

最後，書中告訴每位孩子當你遇到危急或目睹犯罪行為時，要如何正確地尋求警察協助。唯有警民合作下，社會治安才能受到良好維護喔！正因為有這些人民保母，我們才能安居樂業呀！謝謝所有保護市民的超級英雄——「警察」！

閱讀活動 3 步驟

Step 1 閱讀前——**認識單字**

有關犯罪的相關單字

crime 犯罪

theft 偷竊	shoplifting 順手牽羊	burglary 進屋偷竊	rob 搶劫
gang 幫派	mob 暴民	criminal 犯人	kidnapping 綁架
drunk driving 酒駕	speeding 超速	fine 罰金	murder weapon 凶器
ransom 贖金	abduction 誘拐	assault 攻擊	
fraud 詐欺	extort 敲詐	murder 謀殺	human trafficking 人口販賣
smuggling 走私	rape 性侵	testimony 證詞	drug trafficking 毒品買賣
conviction 定罪	bribe 賄絡	suspect 嫌疑犯	

字彙加油站

property 財產	**community** 社區	**department** 部門
precinct 區域	**rural** 鄉村的	**sheriff** 警長
uniform 制服	**cell** 拘留室	**arrest** 逮捕
judge 法官	**law** 法律	**permission** 許可
witness 證人	**badge** 胸章	**evidence** 證據
scene 場景	**fingerprint** 指紋	**damage** 損害
patrol 巡邏	**equipment** 設備	**siren** 警報器
academy 學院	**emergency** 緊急事件	**graduate** 畢業
continue 繼續	**career** 職業生涯	**technique** 技術
choke 窒息	**military** 軍事的	**jail / prison** 監獄
dispatcher 調度員	**cardiopulmonary resuscitation** 心肺復甦術	

Step
2

閱讀時——用 **KWL Chart 學閱讀**

KWL（Know / Want / Learned）表格在科普閱讀中能有效評估讀者對於內容的理解程度，不僅能提高閱讀興趣，更能培養孩子的批判思考力。KWL 分別為：

1. What I Know　提供故事場景及角色說明
2. What I Want to Know　我想要知道哪些事情
3. What I Learned　透過這次閱讀，我學到了什麼事情

三步驟歸納學習前後的知識，統整思維達到前呼後應的循環。

（以下為範例句，答案因人而異）

What I Know 我知道	What I Want to Know 我想要知道	What I Learned 我學習到
◆ Police officers work at the police stations. 警察在警局工作。	◆ What can we see in the police station? 我們可以在警局看到什麼？	◆ Police stations have cells to hold arrested people. 警局有拘留室扣押被逮者。
◆ Police officers have guns. 警察有槍。	◆ What can we do when we see a crime? 當我們目睹犯罪發生時，我們能做什麼？	◆ Call 9-1-1 when you're in the US; call 1-1-9 when in Taiwan. 當你在美國時，打 911 報警；當你在臺灣時，打 119 報警。
◆ Police officers are brave. 警察很勇敢。	◆ How do I become a police officer? 我要如何成為一位警察？	◆ You need to go to the police academy to be a police officer. 假如你要當一位警察，你必須去警察學院學習。
◆ Police officers catch bad guys. 警察抓壞人。	◆ What do police dogs do? 警犬能做什麼？	◆ Police dogs can track down missing people. 警犬可以找尋失蹤人口。
◆ Police officers have a hard job. 警察的工作很辛苦。	◆ What does CSI stand for? 什麼是 CSI？	◆ CSI: Crime Scene Investigators. CSI 代表犯罪現場偵查。

看警匪片常聽到的用語

Freeze! Police! 別動！警察！
Step out of the car slowly. 慢慢走出車子來。
Put your hands on your head. 把你的手放頭上。
You are under arrest. 你被逮捕了。
Can I call my lawyer? 我可以打給我的律師嗎？

當我們看警匪片一定會聽到米蘭達警告（Miranda Warning / Mirandized^註）

"You have the right to remain silent. Anything you say can and will be used against you in a court of law. You have the right to an attorney. If you cannot afford an attorney, one will be provided for you. Do you understand the rights I have just read to you? With these rights in mind, do you wish to speak to me?"

你有權保持沉默，但你所說的每一句話都會在法庭上作為指控你的不利證據。審問前，你有權與律師談話。在審問過程中，你也有權讓律師在場。如果你無法負擔一名律師，法庭可以為你指定一名律師。你明白我剛對你說的所有權益嗎？當你知道這些權益後，你還有任何話要說嗎？

註：米蘭達警告（Miranda Warning）是指美國警察、檢察官在逮捕罪犯時，告知嫌疑人他們所享有的緘默權：即嫌疑人可拒絕回答執法人員的提問、拒絕向執法人員提供訊息之權利。

Step 3

閱讀後——**看完故事聊生活**

家中有小男孩的家庭，一定能感受到孩子對於警察或消防員有種崇拜感。在美國時，曾帶孩子去警察局的參觀日。能看到警察局內的各項警務用品、拘留室、防身武器等，真的是大開眼界。不只如此，還能看到警犬示範執勤務，聽指令抓壞人，孩

子們看了都好震撼。回台後，不少警政單位在做推廣活動，也有舉辦類似的參觀日，藉由活動來讓孩子更能認識警察這份令人敬佩的職業。

Culver City Police Station – 拘留室及警犬演示

新北市的新板村小小警察營

與孩子共讀這本書後，我們可以跟孩子聊聊：

1. 生活中遇到什麼事情，可以請求警察的協助呢？
2. 你覺得當警察最棒的事情是哪些？
3. 你覺得當警察最讓人擔憂的事情是哪些？
4. 你知道如果遇到危險時，電話要撥打什麼號碼呢？
5. 如果你長大後，你會想到當警察嗎？為什麼？

Daphne 的共讀筆記

法治教育

要讓孩子英語學得廣，閱讀不偏食是很重要的一個關鍵，除了繪本故事外，非文學類、事實類的書籍也需要涉略。但因國內孩子閱讀量不足，所以有些孩子一開始讀這類的英文書，可能會比較吃力，建議每次共讀一部份或一起共查單字，慢慢累積字彙量，長期下來，孩子的英語能力必會大為增進喔！

更多的法治教育書

Little Thief! Chota Chor!

文 Vijaya Bodach　圖 Nayantara Surendranath

夜晚有個奇怪的聲音吵醒了小女孩 Anjali。被驚醒的她，發現家中有東西莫名消失了。到底是誰偷了家中的東西呢？附近的鄰居一起協助搜尋小偷。但令人訝異的是，當 Anjali 找到小偷時，竟發現這小偷跟她所預期的不同。到底 Anjali 要如何讓小偷歸還物品呢？尤其當這個小偷有個特殊喜好，就

是偏愛吃香蕉呢！一本讓人恍然大悟中帶著省思的趣味故事。從故事中，與孩子討論未經允許，拿取他人財物是不正當的犯罪行為，如果有人隨意拿取自己的物品，要如何處理呢？從故事中，輕鬆談論嚴肅的話題，讓孩子從小學習正確的法治概念。

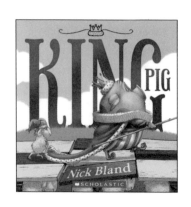

King Pig
文 圖 Nick Bland

豬國王統治著一群羊，他總是要羊群無時無刻替自己做事。但是，某天羊群決定不再理會他。豬國王想到了個好主意，他把所有的羊都趕到城堡，命令羊群把他們身上的毛全部染色，並剃下來。他把染色的羊毛做成一件件漂亮的衣服。他以為只要他穿夠亮眼的衣服，羊群就會崇拜尊重他、甚至喜歡他。他穿著他的新衣服走秀，期待來自羊群的掌聲。但羊群根本沒有在注意他，反之，他們很無奈的看著自己光溜溜的身體。失落的豬國王不禁大叫：我要怎麼樣你們才會喜歡我呢？一個只會用權力強壓他人的統治者，能獲得百姓們打從心裡的敬重嗎？如果這個豬國王是在民主法治國家，民眾會有什麼作為來表示意見呢？讓我們從故事中探討法治中的重要議題吧！

閱讀新視野
認識臺灣英勇的警察

中華民國的警察（行政警察及刑事警察）是歸屬於內政部警政署所管理指揮[註]，其任務為「依法維持公共秩序，保護社會安全，防止一切危害，促進人民福利」，而水上警察（海巡署）、國境警察（移民署）、法警（檢察署）等分別歸屬於不同政府機構管轄。

國內的警察是採派出所制度，各分局根據管轄範圍配置不等數量的派出所於各區。一般警察主要職務為服務市民及執行警察勤務，大致上分為行政警察與交通警察。而刑事警察是負責預防及偵查犯罪，如內政部警政署刑事警察局及其法醫室、各縣市刑事警察大隊、刑事組、偵查隊等。此外，還有保安警察、外事警察、專業警察、司法警察、特種警察（又稱霹靂小組）等各司其職，為社會國家做貢獻。

警察的制服其實經過多次的變革，從一開始 1937 年分季節穿著黑色與米黃色的制服。1987 年後改為淺灰子上衣和藏青色長褲。在 2019 年後，警察夏季制服為藏青色，頭戴藍色盤帽；而冬季制服則是藏藍色。所配的階級章於右胸前口袋上方，盤帽中央有警徽，帽簷佩以與其警階相符數量的稻禾及稻穗。

警徽的設計以正面展翅的金黃色鴿子，頭頂上為青天白日國徽，並以黃色嘉禾做環繞。國徽象徵保家衛國之意；金黃色警鴿為警戒、和平及效率之意；警鴿雙翅的各八支大羽、五支小羽及三支尾羽，象徵三民主義、五權憲法及四維八德。而嘉禾葉穗意涵週而復始，不眠不休的為民服務。

百姓生活能安定，無非於有個穩定的治安，而這些除了仰賴人民的奉公守法外，更因為有這些無名英雄，在社會的各個角落奉獻奮鬥，我們才能安穩幸福的過著每一天呀！謝謝正義的化身，守護我們家園的人民保母——警察。

要如何成為受人敬佩的人民保母——警察呢？
警察教育訓練由中央警察大學及臺灣警察專科學校為主，報考項目分為筆試及體能測驗，報考的規則可至其官網查詢。

中央警察大學　　臺灣警察專科學校

註：內政部警政署組織圖

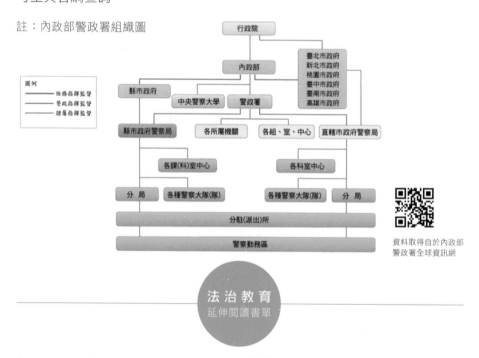

資料取得自於內政部
警政署全球資訊網

法治教育
延伸閱讀書單

1. *A Day At the Police Station* 　　文 圖 Richard Scarry
2. *Noodlephant* 　　文 Jacob Kramer　圖 K-Fai Steele
3. *Swimmy* 　　文 圖 Leo Lionni
4. *The Detective Dog* 　　文 Julia Donaldson　圖 Sara Ogilvie
5. *This Is Not My Hat* 　　文 圖 Jon Klassen
6. *Twenty-Four Robbers* 　　文 圖 Audrey Wood
7. *What the Ladybug Heard at the Zoo* 　　文 圖 Julia Donaldson　圖 Lydia Monks
8. *Who Is Ruth Bader Ginsburg?* 　　文 Patricia Brennan Demuth　圖 Jake Murray

WE'RE GOING ON A
NATURE HUNT

by Steve Metzger

Illustrated by
Miki Sakamoto

SCHOLASTIC

We're Going on a Nature Hunt

文 Steve Metzger　　圖 Miki Sakamoto

出版社：SCHOLASTIC

閱讀技巧｜5W1H 分析法
語言目標｜認識戶外踏青的常見用字
議題目標｜學習觀察及愛惜大自然的美好

走～走～走～我們大手拉小手，一起去散步。到公園看看大樹上的松鼠覓果；到河邊看看小魚自由自在地優游水中。望著天空中的鳥兒快樂翱翔；找尋藏身於綠葉的逗趣小昆蟲。大自然中充滿著有趣的驚喜，歡迎大小觀察家們一起來探索！

一群孩子穿著輕便的衣服，揹著背包要開心地去踏青囉！沿途經過一座窄窄又會搖晃的橋，在橋的另一端會有什麼呢？答案只能走過去才知道呀！

跨越過小橋後，眼前是美不勝收的綠草和黃色小花，儘管很美麗，但請不要採摘，這樣下一個來的人才能夠欣賞。

繼續往前走，前方是個清澈的池塘，讓我們划著輕舟，在睡蓮花池中探險吧！池中有青蛙，請不要嚇牠，讓牠自在的在池中生活喔！

走走走，前方有個大草坪，在草坪上有什麼呢？讓我們去瞧瞧。挖呀挖！裡面竟然有隻大蟲扭呀扭的，看完牠，請記得放回草地上，不要傷害牠喔！

揹起書包，繼續往前走，有棵大樹在前方，一起去爬樹吧！樹上有鳥巢，裡面有三顆蛋，請不要摸喔！樹的另一端竟然有蜂窩，快點離開這裡吧！

就這樣，走著原路回去，經過草坪、越過睡蓮池、跨過小橋，平安順利回到家。

一本具趣味及韻律性的繪本，帶領孩子輕鬆視遊書中美麗的戶外風光的同時，學習尊重及保護大自然中的一切。

閱讀活動 3 步驟

Step 1

閱讀前──**認識單字**

有關露營或健行的字詞

Let's go hiking! You will probably need...
來去遠足吧！你需要的配備有：

**hiking
遠足**

hiking boots 登山靴	hat 帽子	water bottle 水壺	map 地圖
compass 指南針	insect repellant 防蟲液	binoculars 望遠鏡	camera 照相機

Let's go camping! You will probably need...
來去露營吧！你需要的配備有：

**camping
露營**

tent 帳篷	sleeping bag 睡袋	bed roll 睡墊	flashlight 手電筒
first aid kit 急救箱	can opener 開罐器	gas stove 瓦斯爐	pocket knife 折疊式小刀
campfire 營火	rope 繩子	gas cylinder 煤氣罐	match 火柴	lighter 打火機

字彙加油站

nature 大自然	**search** 找尋	**narrow** 狹窄
shaky 搖晃的	**bridge** 橋	**fluttery** 飄搖的
buttery 像奶油的	**sparkling** 閃耀的	**lily pad** 睡蓮
slippery 濕滑的	**meadow** 草坪	**crooked** 歪斜的
branch 樹枝	**robin** 知更鳥	**beehive** 蜂窩

閱讀時——用 5W1H 學閱讀

5W1H 叫做六何法或 6W 分析法，其實是大部分 Story Map 裡面用的技巧之一，涵蓋了 **Who**（人）、**What**（事）、**When**（時）、**Where**（地）、**Why**（為何）及 **How**（如何）。

透過分析推論，整合故事背景、過程經歷及結果。

Who　Three children, a girl and two boys.
角色：三個小孩（一位女孩和兩位男孩）

What　They are going to a nature hunt.
事件：　他們一起去探索自然

When　A sunny day.
時間：　晴朗的一天

Where
地點：　❶ the other side of a bridge 橋的另一端
　　　　❷ a lily pad pond 蓮花池
　　　　❸ a meadow 草地
　　　　❹ a tall tree 一棵高樹

Why　They're going on a nature hunt.
為何：他們要去探索大自然。

How　They feel happy because they go home safely.
感受：他們很開心，因為他們安全的返家。

註：答案僅供參考，因為問法可以很多元，答案不盡相同。

常見戶外活動

周末假日時，你和家人喜歡做哪些戶外活動呢？

Q **What outdoor activities do you like to do on the weekend?**

A1 **I like to go...** 我喜歡去……

hiking 健行	**fishing** 釣魚	**jogging** 慢跑	**swimming** 游泳
biking 騎自行車	**surfing** 衝浪	**mountain climbing** 登山	

A2 **I like to play...** 我喜歡打……球

baseball 棒球	**basketball** 籃球	**badminton** 羽毛球	**tennis** 網球
table tennis 桌球	**soccer** 足球	**volleyball** 排球	**rugby** 橄欖球

Step 3

閱讀後——**看完故事聊生活**

現代的生活充斥著科技 3C 產品，有時孩子花太多時間在手遊或網路世界，反而沒有機會去欣賞大自然的明媚景觀。有時單純帶孩子到公園跑跳，只要有一起玩的同伴，他們就能沈浸在簡單的快樂時光。孩子們可以觀察蒲公英的種子，開心的比賽誰能吹得遠；又或者用野花小草當作扮家家酒的材料，玩一個下午。這些玩樂的方式，能提供孩子無限的想像力及創作力的啟發。周末假日真的要多帶孩子出門親近大自然，學習珍惜及欣賞周遭美好事物，培養對於生活的觀察力。

與孩子共讀這本書後，我們可以跟孩子聊聊：

1. 如果可以選出遊的地點，想要去哪裡？
2. 書中哪個活動是你最想做的呢？
3. 為何書中的小朋友說不要摘花、要把蟲放回去呢？
4. 假日最常做的活動是哪些呢？
5. 如果去健行登山或露營，有哪些要注意的事情呢？

大自然能帶給孩子無限的探索空間

Daphne 的共讀筆記

爬樹應該是很多小孩都很喜歡或很嚮往的活動，尤其常在影片中，看到外國孩子可以爬樹，還可以在樹上蓋個樹屋，真是太有趣了！因此，在跟孩子共讀這本時，看到書中的小朋友在爬樹會很有共鳴，因為我家的孩子也曾很喜歡爬到樹上東看西看呢！在孩子成長過程中，外出用餐身上會帶一本書，等餐點無聊時可以看書。

而出外旅遊時，3C 產品通通放家裡，這樣他們才會把目光放在眼前那些美麗的風景上，他們才會有機會發現地上的小花小草、甚至石頭、樹枝這些不起眼的東西，其實都可以拿來跟同伴或手足共樂呢！

A Lovely Journey
文 圖 Yingfan Chen

宅在家的小女孩，決定踏出門去探索。想要交新朋友的她，會在這趟旅程中，遇到哪些新朋友呢？星期一，她遇到了天竺鼠。小女孩問牠做好朋友需要有什麼條件呢？天竺鼠回答她：「好朋友是會一起分享美食。」星期二，遇到貓，貓說好朋友能一起窩在暖暖的被窩裡發呆。星期三，遇到小烏龜，牠說好朋友會有耐心等牠慢慢走。就這樣，小女孩每天都遇到不同的動物，告訴她好朋友需要的不同條件。星期六，小女孩站在熱鬧的街上，卻覺得好孤單。直到她遇到了一個小男孩。他問小女孩，能去哪裡找到好朋友呢？於是，兩個一起到處找朋友。星期日，小女孩邀請這趟旅程中遇到的朋友們到家中吃點心，開心和朋友歡聚在一起。

Little Bunny's Balloon
文 圖 Wook Jin Jung

小兔子心情不好，因為大家好像都忘記今天是牠的生日了。突然，天空飄來一個氣球，小兔子忍不住追著氣球跑。沿途牠遇到了毛毛蟲，牠們一起去追氣球。追著追著，竟到了一個峽谷。此時，小鳥看到，就帶著小兔子飛過峽谷。小兔子繼續往前追，經過了森林和河流，透過不同的動物幫忙下，牠還是追不到氣球。氣餒的小兔子想回家了。突然間，在牠眼前出現無數的氣球，往前一望，原來到家門口了，家人們已經準備好了大驚喜等著小兔子呢！

閱讀新視野

善用大自然的資源來啟發孩子的想像力

現在的孩子，尤其是都會區的孩子，大部分時間可能都在室內比較多，不像我們小時候沒那麼多玩具，所以往往會去找住家附近的野草野花當作扮家家酒的材料，或拿酢醬草的莖來玩拉扯遊戲。

大自然中有很多天然的材料，可以當作創作的素材，你有想到什麼，是隨時就可以拿來跟孩子一起玩的材料嗎？

像是滿地沒人要的落葉，就是很好的美勞材料。

只要家中有圖畫紙、色筆和白膠，搭上由孩子挑選過的落葉，就可以做成充滿節慶氛圍的火雞喔！以前孩子的幼稚園，就請每位孩子運用路邊撿到的落葉，在家完成屬於自己的火雞創作圖。完成後，交給老師做成教室布置使用。

除此外，葉子還有很多有趣的活動可以跟孩子一起玩喔！

◆ 描畫葉脈：陪同孩子找一些不同品種的葉子，請孩子用簽字筆跟著葉子上的脈絡描畫出來，等畫完後，我們可以跟孩子聊聊有關於葉脈的相關知識，如：葉脈是葉子用來輸送水分和養分的管道。

✦ 花草書籤：將小花小草曬乾後，拼貼成自己喜歡的樣子，貼在細長型的圖畫紙上，再用護貝模護貝好，就可以當作書籤使用。

✦ 花草動物拼貼：事先上網找孩子喜歡的動物或繪本主角圖案。與孩子一同到公園或戶外找適合的落葉或掉落的花瓣，等曬乾後，根據圖案的內容，將花草用白膠黏貼在紙上，做成獨一無二的特色主題拼貼圖。

大自然中有著許多美麗的原素材，等著孩子發揮創意去揮灑出屬於自己的色彩！有時只是單純坐在草地上或在草地上翻滾玩樂，都能豐富孩子童年的歡樂生活喔！

用眼、用心去探索大自然的美好

有關葉脈的知識，參考網站資料：植物知多少

戶外教育
延伸閱讀書單

The Tree Told Me

Sophie Lescaut – Thanh Portal

REYCRAFT
BOOKS

9 環境教育

The Tree Told Me

文 Sophie Lescaut　　　圖 Thanh Portal

出版社：REYCRAFT

閱讀技巧｜ KWL Chart
語言目標｜ 能夠陳述樹帶給人們的影響
議題目標｜ 了解周遭環境中的自然生態、學習觀察並愛護周遭的環境及生態

你有留意過公園裡的大樹嗎？或者是人行道兩旁替你遮蔭的樹呢？你有細想過，樹能告訴你什麼嗎？

你有想過那棵讓你仰頭望去的大樹，原本也是從小不點的種子開始長成的嗎？你知道那高聳壯麗的大樹，迎風搖曳著樹上的葉子時，其實正在告訴你，我們有時可以很強大，同時也可以很微小。

樹告訴我，生活可以有很多面向；樹告訴我，有時耐心的等候是為了更美好的未來；樹告訴我，能與他人分享歡樂是幸福的。

用英文繪本讀出孩子的素養力

樹告訴我,生命中難免會遇到風暴;樹告訴我,黑暗中隱藏著許多不為人知的祕密;樹告訴我,在成長過程中,有些事情是令人難以接受;樹告訴我,需要經歷許多的時間才能成長。

閱讀活動 3 步驟

閱讀前——**認識單字**

與樹結構有關的字詞

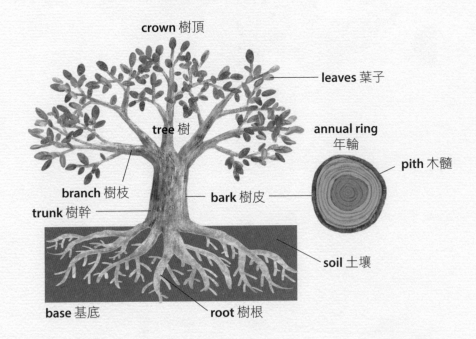

crown 樹頂

leaves 葉子

tree 樹

annual ring 年輪

pith 木髓

branch 樹枝

bark 樹皮

trunk 樹幹

soil 土壤

base 基底

root 樹根

與種植有關的詞句

+ dig a hole 挖個洞
+ grow a seed 種下種子
+ plant a tree/flower 種棵樹 / 花
+ water the plants 替植物澆水
+ remove/pull out the weeds 拔雜草
+ mow the lawn 割草坪

experience 經歷	**pleasure** 歡樂	**overhead** 頭上的;天空上的
storm 暴風雨	**secret** 秘密	**unacceptable** 不能接受的

閱讀時——用 KWL Chart 學閱讀

KWL(**Know / Want / Learned**)表格歸納學習前後的知識,整體思維達到前呼後應的循環。(以下為範例句,答案因人而異)

What I Know 我知道	What I Want to Know 我想要知道	What I Learned 我學習到
◆ Some trees are tall; some trees are short. 有些樹是高的,有些樹是矮的。	◆ Why are trees important to us? 為何樹對我們很重要?	◆ Trees can show us how strong and small they are at the same time. 樹可以在同時間內,向我們展示出它們的強韌與渺小。
◆ Trees have leaves. 樹有葉子。	◆ What can trees teach us? 樹可以教我們什麼?	◆ Trees teach us that sharing is great. 樹可以教導我們分享是很棒的。
◆ Some animals live in the trees. 有些動物住在樹上。	◆ How can trees help us? 樹能怎麼幫助我們?	◆ Trees show us that it takes a lot of time to grow up. 樹告訴我們成長是需要花很長的時間。

英文「說話」的精準用法

tell, talk, say 和 speak 翻成中文都是說或講的意思，到底這四個動詞要怎麼區分使用呢？以下為正確用法：

◆ **tell** – 將某事告訴某人

例 Tell me your holiday plans. 告訴我你的假期計劃。

◆ **talk** – 常用於兩人間的對話，用來溝通或對話

例 I talk to my mom on the phone every night.
我每天晚上都會和媽媽講電話。

◆ **say** – 表達自己想法、意見或建議等

例 She always says good morning to her parents after she gets up.
她起床之後，總會向爸媽說早安。

◆ **speak** – 用於較正式或嚴肅的陳述，或表達會說的語言

例 May I speak to the manager? 我可以與經理談話嗎？

例 Do you speak English? 您會說英文嗎？

閱讀後——**看完故事聊生活**

在孩子的成長過程中，總是會有幾樣事物讓孩子印象深刻。在旅居美國時，住家附近有個公園，公園裡有一棵很適合孩子攀爬的大樹。每次帶孩子去公園時，他們總是會衝向那棵大樹，在樹上爬上爬下，玩得不亦樂乎。而回國後，在門前種了幾盆小花小草，也成為他們平常家家酒遊戲裡的重要元素。孩子的童年其實可以很單純，多讓他們接觸大自然原有的一切，更能啟發孩子的想像力及創造力呢！

與孩子共讀這本書後，我們可以跟孩子聊聊：

1. 生活中，你最喜歡哪棵樹，為什麼喜歡呢？
2. 你知道植樹節是哪天嗎？在植樹節有哪些活動或特別的事情嗎？
3. 如果有機會能爬樹，你會想要爬嗎？
4. 你覺得樹對於人類有哪些重要性？
5. 除了繪本中提到那些樹告訴我們的事情外，你還能想到哪些是樹可以帶給我們的啟發呢？

註：每年的 3 月 12 日為植樹節，主要目的是提倡人們對於樹木的重視，鼓勵國土綠化的活動。

Daphne 的共讀筆記

2021 年初，參加了臺北市當地導覽的活動，帶著孩子一起認識繁華臺北的街區及歷史故事。在認識中山町的行程中，有機會聽到有關「宮前町砌石大溝」的介紹，這是在 2019 年，臺北市水利局在捷運雙連站附近進行「雨水下水道緊急搶修預約維護工程」時，意外挖出來的一條古圳！據説這條水道應該超過百年的歷史，但起初因擔心圳道周邊有崩塌的可能，所以打算要從溝渠側面進行水泥灌漿，但里民擔心會破壞了古圳原本的樣貌。之後當地居民與文史工作者的努力下，在水道邊設置安全圍欄，並在旁邊架設解説看板。因此，當與孩子共讀這本 *The Tree Told Me*，我們能更體會在面對歷史洪流下，環境的改變有多大。如何保留舊有的美好，但不影響現代化的進步，將會是世世代代的重要課題呀！

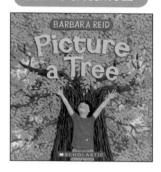

Picture a Tree
文 圖 Barbara Reid

加拿大知名童書作家 Barbara Reid，以她特有的黏土貼畫，搭配溫馨易懂的文字描述，將樹的各種姿態風貌描繪得令人讚嘆不已。書中一開始就告訴讀者，畫樹的方式不只一種，無論是想像中的樹木、窗外的樹林，還是像隧道般的林蔭大道或蓊鬱樹海；它可以是你的遊樂園、海盜船、熊穴或是你最親愛的朋友。小樹、大樹和老樹環繞在我們四周，各季節中帶來不同的美麗姿態。跟著 Barbara Reid 精彩的黏土貼畫來欣賞樹的多樣面貌，共讀完後，請孩子畫出他心中的一棵樹吧！

Rice
文 圖 Hongcheng Yu

稻米是亞洲人主要的糧食之一，作者以雲南省為背景，介紹當地農夫如何順應四季來種植稻米。農夫根據 24 節氣來種植農作物，在雨水期（2 月 18～20 日），要翻土為之後種植稻米做準備，等到驚蟄期（3 月 5～7 日）播種，待秋分期（9 月 22-24 日）收割。作者細膩地將各節氣標註在每個跨頁裡，並透過圖文將農夫如何辛勤栽種農作品給描述出來。書末詳細解說稻米生成的各個環節、稻米的種類及營養價值，讓讀者透過閱讀了解每日所食之米飯，皆得來不易，粒粒皆辛苦，當我們能幸福地享用香噴噴的米飯時，要帶著一顆感恩的心呀！

閱讀新視野
認識臺灣常見的行道樹

自從孩子識字後，走在路上他們最常跟我說的就是樹名，因為臺北地區的行道樹上，有些會標記樹名。這些美麗的行道樹，成為我們步行過程中，一起欣賞的美景之一。隨著春夏秋冬四季變化，這些屹立不搖的優雅大樹，總是能吸引孩子的目光。走在樹蔭下遮陽或在大樹下玩追逐遊戲的孩子們，是否認識這些陪伴著大家的行道樹呢？

◆ 樟樹（Camphor Tree）：屬樟科常綠大喬木，全年枝葉濃密。以前是用來製作樟腦的經濟樹種，但因現今多用化工合成的樟油，所以樟樹以園林景觀和防風為主要種植用途。

◆ 榕樹（Banyan Tree）：屬常綠大喬木，全樹具白色乳汁，枝葉濃密，枝幹多，常有懸垂氣生根，垂落地面能形成粗大的支持根。因其樹姿態具觀賞價值，故常用於庭園造景之用，是臺灣重要的盆景樹種之一。

◆ 茄苳（Red Cedar）：屬常綠或半落葉大喬木，樹皮粗糙不平，呈層狀剝落狀，老樹幹上會有瘤狀突起物。茄苳根皮葉均有藥用之途，果實是鳥類的重要食物之一。另外，茄苳是原住民邵族的聖樹，象徵祖靈和子孫世代繁衍。

◆ 臺灣欒樹（Taiwan Golden-rain Tree）：屬無患子科的落葉喬木，是世界十大名木之一，耐旱性強，樹姿優美且色彩變化多，秋天為花季，其花可當作黃色染料。臺灣欒樹又稱四色樹，從全株綠葉、開花呈黃色、結果又轉紅褐色到果乾枯呈褐色掉落，共顯四色。

♦ 白千層（Cajeput Tree）：屬常綠喬木，木栓直樹皮呈灰白色，會片狀般如紙剝落，所以又叫剝皮樹。此樹生長強健少病蟲害，所以適合做行道樹。其花朵像奶瓶刷，呈白色，有少數人會對其花粉過敏。因其特殊氣味，故有製成精油使用之途。

♦ 木棉（Cotton Tree）：屬落葉大喬木，每年 2～4 月為開花期，花朵大且呈星狀毛。5 月時果實會裂開，裡面的種子及果皮內壁的白色棉絮會隨風飄散。木棉的棉毛彈性好，可當作坐墊或枕頭內的填充物，花蕾和花瓣可食用或藥用，此樹的利用價值相當高。

環境教育來自於日常生活中的各種小天地中，帶著孩子一起欣賞每天都能看到的一草、一花及一樹，慢下腳步，觀察周遭的點點滴滴，學習感恩大自然為我們帶來的美好，學習如何永續經營美麗的地球環境。

註：常見行道樹及景觀林木參考網站

環 境 教 育
延伸閱讀書單

THERE WAS AN OLD LADY WHO SWALLOWED A SHELL!

by Lucille Colandro
Illustrated by Jared L

SCHOLASTIC

10
海洋教育

There Was an Old Lady Who Swallowed a Shell

文 Lucille Colandro　圖 Jared Lee
出版社：SCHOLASTIC

閱讀技巧｜ cause-effect diagram
語言目標｜ 認識有關海邊常見的字詞
議題目標｜ 學習海洋生態及重視海洋保育

海洋佔地球表面約 72%，海平面下居住著豐富的海洋生物，更是許多物種的起源及維生之所在。然而，近年來海洋環境嚴重遭到破壞，岌岌可危。因此，守護美麗的海洋，復育海底生態系至關重要。就讓什麼都吃的老奶奶，以趣味的故事引導孩子認識海洋生物及沙灘活動，從簡單的概念開始，一起守護並愛惜珍貴的海洋資源吧！

There Was An Old Lady Who Swallowed a Shell 是 *There was an old lady who swallowed a fly*^(註) 的延伸繪本故事。故事內容是講述有一位不可思議的老太太吞了一個貝殼。沒人知道她為何要吞下貝殼。接著，她又吞下了一個螃蟹。為什麼她要吞螃蟹呢？她吞下螃蟹是因為要讓牠去住到貝殼裡。但，沒人知道為何她當初要吞下那個貝殼。然後，她又吞了條大魚，因為她要那隻大魚去抓那個住在貝殼裡的螃蟹。但，沒人知道為何她當初要吞下那個貝殼。

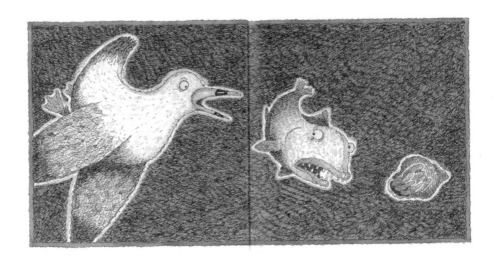

沒想到，老太太跑去吞了一隻海鷗，因為她要海鷗去抓那條要抓螃蟹的大魚。更荒謬的是，她竟然跑去吞下了一個水桶。她要用水桶去裝海鷗；她吞海鷗是為了要抓大魚；她吞大魚是為了要抓螃蟹；她吞螃蟹是為了要讓她住進貝殼裡。但，沒人知道為何她會吞下那個貝殼，老太太從頭到尾都沒有解釋。

還有更離譜的是老太太跑去吞一堆沙；因為她要把沙裝滿水桶；她吞水桶去裝海鷗；她吞海鷗是為了要抓大魚；她吞大魚是為了要抓螃蟹；她吞螃蟹是為了要讓她住進貝殼裡。但，沒人知道為何她會吞下那個貝殼。

她繼續吞了一堆海浪，吞海浪卻讓她打了個嗝。這個大嗝讓她噴出吞進去的所有東西，結果卻造了一個沙堡！

這個無厘頭老太太從吞下蒼蠅之後，已經陸續吞過無數奇特的物品，可謂是繪本界的無所不吞大胃王呀！

註：*There Was an Old Lady Who Swallowed a Fly* 原是首趣味童謠，講述有個老太太吞了一隻蒼蠅。沒人知道她為何要吞蒼蠅。然後，她又吞了一隻蜘蛛，她吞蜘蛛是為了要去抓那隻蒼蠅，但沒人知道為何她會吞下那隻蒼蠅。

整首童謠就是這樣一路吞下去，吞了各式各樣的動物，就是為了最後要抓出蒼蠅。這首童詩有許多的版本，其中以 Simms Taback 的改編版本最為知名，曾獲得1998 年的凱迪克獎項。在英語教學中，因為句型重複性高，常做為學習教材。

閱讀活動 3 步驟

Step 1

閱讀前——**認識單字**

炎炎夏日，大家最愛的就是玩水、做日光浴。一起來認識海邊相關的英文字彙。

beach umbrella
海灘傘

shovel
鏟子

snorkel
浮潛呼吸管

fins
潛水蛙鞋

beach volleyball
沙灘排球

flip flops
夾腳拖

sunscreen
防曬油

swimsuit
泳衣

hat
帽子

towel
毛巾

bucket
桶子

swim ring
游泳圈

字彙加油站

swallow 吞嚥	**shell** 貝殼	**crab** 螃蟹	**grab** 抓、握
crawl 緩慢爬行	**gull** 海鳥	**scoop up** 挖起	**wail** 嚎啕大哭
pail 桶子	**bland** 淡而無味的	**hassle** 困難	**sandcastle** 沙堡

130　　用英文繪本讀出孩子的素養力

閱讀時——**用 cause-effect diagram 學閱讀**

善用因果圖表，引導讀者了解事件間發生的順序與關聯性，理解事件的因果關係，提升讀者的邏輯推論及歸納組織，進而培養抽象思維及解決問題的能力。

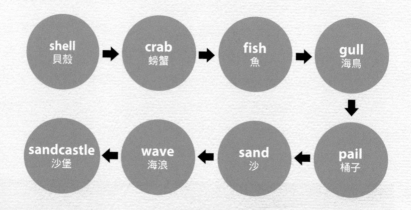

大補帖

there is/there are 的用法

There is / are 用於說明「在某處有某人、事、物」。

若要表達「客廳裡有兩隻狗。」以下何者正確？

① There have two dogs in the living room.

② The living room has two dogs.

③ There are two dogs in the living room.

答案是 ③。前兩句的用法，基本上就是很多英文初學者會以中文直翻的錯誤文法。正確的用法應該是以 There is/are 句型來描述。句型裡的動詞單複數取決於後面的人事物，如果是單數或不可數的則用 there is 的句型，如果是複數的人事物則用 there are。

閱讀後——**看完故事聊生活**

當孩子還小時，因為旅居美國洛杉磯海邊區，所以我們每個月
會去海邊好幾次，讓孩子盡情的玩沙、踏浪、戲水。孩子總是
能在海邊待一整天，光是挖沙、做各種造型的沙堆，就可以玩
好久。洛杉磯的海邊大部分都很乾淨，大家對於維護環境都算
很有共識。有時在海邊會看到鵜鶘和海獅，那真的是大驚喜
呢！在臺灣，有機會我們也會帶孩子到海邊走走，像新北市的
白沙灣就很美，可以讓孩子盡情玩沙的好地方。海邊，真的是
大小朋友都適合的放鬆聖地呀！

洛杉磯 Redondo Beach

新北近郊沙灘一景

與孩子共讀這本書後，我們可以跟孩子聊聊：

1. 夏天去海邊時，最想做的活動是什麼？
2. 海洋生物中，最喜歡哪一種生物？
3. 你最喜歡吃的海鮮料理是哪些？
4. 我們在生活中能做哪些事情來保護海洋生態？
5. 你知道海洋垃圾會帶給海洋生物哪些影響嗎？

Daphne 的共讀筆記

海洋教育

There Was An Old Lady Who Swallowed... 系列書是共讀過程中，孩子最喜歡的其中一套繪本。老太太無厘頭地亂吞，看似荒謬但又帶點邏輯，詼諧風趣讓孩子讀得不可思議。與孩子共讀這系列時，我最常跟孩子玩記憶大挑戰，看誰能逐一說出每樣被吞下肚的東西，而孩子的記憶真的很厲害，他們可以靠故事內容去回溯順序，然後還能複誦出基本句型。繪本故事，的確能讓孩子快樂無壓力地學習、應用語言呀！

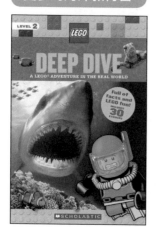

在浩瀚的大海中，到底有哪些神秘的海洋生物呢？你知道美麗的珊瑚礁對於海洋具有什麼樣的重要地位嗎？你知道令人聞聲色變的大白鯊，能在多遠的距離就能聞到血的味道嗎？誰又是海洋裡最大的生物呢？快跟著樂高英雄們，悠游在海洋世界中，一探究竟，潛到深深的海底去探險吧！

Deep Dive – A Lego Adventure in the Real World

文 圖 Penelope Arlon & Tory Gordon-Harris

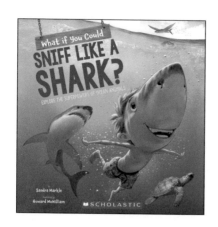

如果有一天，你一起床發現你有海洋生物的獨特神奇力量，你會想要哪一種神奇能力呢？如果讓你有鯊魚的神奇嗅覺呢？又或者讓你具有章魚伸縮自如的身體呢？假如你能跟螃蟹一樣，有對強而有力的螯，你最想用這對螯做些什麼事呢？透過趣味的想像引導下，讓孩子認識各種海洋生物的身體結構及獨特性，學習豐富有趣的海洋科學知識。

What If You Could Sniff Like A Shark?

文 Sandra Markle 圖 Howard McWilliam

閱讀新視野
認識有關世界海洋清潔活動

對於地球環境的重視，已經是所有人類的共識，為了提倡環保，世界各國都有針對不同性質的環保議題做出特定的活動，以下整理出重點活動：

「世界清潔地球日」

「世界清潔地球日」（Clean Up the World Weekend, CUW Weekend）起源於澳洲帆船選手 Kiernan 先生在駕駛帆船時，看到漂浮在海上的垃圾，決定要用行動來支持海洋環保，於是他在 1989 年 3 月發起「雪梨港清潔日」活動，清理出四萬噸的垃圾。後來擴大為全球性的清潔活動，之後又得到聯合國環境規劃署（UN Environment Programme, UNEP）的支持，將每年九月的第三個週末訂為「世界清潔地球日」。

「ICC 國際淨灘行動」

在 1985 年，美國環保署的有毒物質辦公室證實塑膠廢棄物所造成的污染與危險之嚴重性，因此成立 Center for Marine Conservation（CMC），現在改名為 The Ocean Conservancy 美國海洋保育協會，簡稱（TOC）來重視此問題。TOC 因發現德州海岸線佈滿大量垃圾，於是在 1986 年策動 TOC 的第一次淨灘行動。自此後，許多海洋環境保護的相關計畫相繼而生，包括 International Coastal Cleanup（ICC）國際淨灘行動。在淨灘活動中，會包含以下幾項項目：清理所有水域、岸邊的廢棄物；紀錄、統計這些海洋廢棄物的種類與數量；教育大眾廢棄物對於海洋污染的嚴重性，以及督促政府部門訂定法令降低海洋廢棄物，維護良好的海洋環境。自從 TOC 發起 ICC 淨灘活動後，每年的國際淨灘日（九月的第三個星期六），由各國相關團體規劃各地的 ICC 行動，至海邊、溪邊等水域進行淨灘。

「世界海洋日」

為了要喚醒人類對於海洋的認識、保護及永續利用，聯合國於 2008 年 12 月 5 日，指定每年的 6 月 8 日為「世界海洋日」。盼透過這樣的活動，世界各國能重視海洋保育的重要性。

身為地球村的公民，珍惜且愛護地球上的所有資源是人人都要做的事情，也許我們能做的有限，但只要願意伸出手，付出一些執行力，我們的環境就會更美好。有機會去海邊或溪邊活動時，看到垃圾撿起來丟掉，或記得把自己帶去的垃圾拿回家丟。「勿以善小而不為，勿以惡小而為之」，我們一起為維護地球環境努力！

資料參考來源：維基百科及中華民國海洋委員會

海洋教育
延伸閱讀書單

1. *Ocean Sunlight* — ⓧ Molly Bang & Penny Chisholm
   ⓘ Molly Bang
2. *Commotion in the Ocean* — ⓧ Giles Andreae ⓘ David Wojtowycz
3. *Hello Ocean* — ⓧ Pam Muñoz Ryan ⓘ Mark Astrella
4. *I am the Biggest Thing in the Ocean* — ⓧ ⓘ Kevin Sherry
5. *Mister Seahorse* — ⓧ ⓘ Eric Carle
6. *My Visit to the Aquarium* — ⓧ ⓘ Aliki
7. *The Rainbow Fish* — ⓧ ⓘ Marcus Pfister
8. *Who Would Win?* — ⓧ Jerry Pallotta ⓘ Rob Bolster
   Killer Whales vs Great White Shark

Look at YOU! Look at the Mess you've Made!

written and illustrated by Hsu-Kung Liu

EYCRAFT. BOOKS

11 能源教育

Look at You! Look at the Mess You Made!

文 圖 Hsu-Kung Liu
出版社：REYCRAFT

閱讀技巧 | Story Structure
語言目標 | 學習常見政府單位及常見職業的説法
議題目標 | 學習分辨周遭有用物資及環保能源的種類

在劉旭恭老師的繪本《你看看你，把這裡弄得這麼亂！》就以日常的生活對話開始，從辦公室內的環境問題、家裡整潔的維護到城鎮市容的重整。當我們看到四周堆積如山、髒亂的垃圾時，能做些什麼呢？也許就從減少垃圾製造，節約能源開始吧！

總統大人正坐在空蕩蕩的總統府辦公室裡，他窮極無聊，覺得乏味到了極點！所以他決定去副總統辦公室，看看那裡，有沒有什麼事情可做。

沒想到，副總統正埋首在滿桌的公文中，他的辦公室簡直亂的不堪入目。總統大人大聲訓斥副總統：「你看看，你看看，你怎麼把這裡弄成這樣亂！」數落完副總統一番後，總統大人滿意地離開。

被唸完的副總統，立刻整理桌面、打掃辦公室各個角落，把不要的東西都丟掉，花了好一段時間，才把環境整理好，決定回家休息。沒想到一到家中，看到太太在雜亂不堪的廚房裡備餐，心中一把火升起，對著太太吼：「你看看，你看看，你怎麼把這裡弄成這樣亂！」吼完後，副總統滿意地走出廚房。

被罵完的副總統太太，快速把晚餐弄好，清理廚房的每個角落，讓廚房煥然一新似的。然後，她去孩子的房間要叫兒子吃晚餐。一打開房門，我的老天呀！簡直是不堪入目的凌亂，滿地玩具和雜物堆成小山。副總統太太對著兒子唸：「你看看，你看看，你怎麼把這裡弄成這樣亂！」唸完後，副總統太太滿意的離開兒子房間。

被唸完的兒子快速整理房間四處，把東西歸位，該收的收、該丟的丟。整理完後，他沒胃口吃晚餐，所以決定爬窗出去到公園玩。在林間漫步的他，走著走著看到了一處奇怪的角落，角落邊亂七八糟堆了有的沒有的東西，裡面還有個流浪漢。小男孩對著流浪漢說：「你看看，你看看，你怎麼把

這裡弄成這樣亂！」説完後，小男孩滿意地離開。

被莫名其妙數落一頓的流浪漢起身整理自己的環境，把東西堆好後，他決定到街上走走，沒想到，卻巧遇總統的車隊經過公園，車隊正經過排放黑煙和廢水的工廠區。工廠旁一堆人正抗議示威中。流浪漢對著總統的車隊大叫：「你看看，你看看，你怎麼把這裡弄成這樣亂！」

總統回到辦公室後，想了很久很久，把他的團隊都叫進辦公室，對他們怒斥：「我們自己反省，怎麼把這裡弄成這樣亂！」於是，他們決定要做些重大改變，讓人民的環境有所改善。

總統大人完成想做的項目後，決定到公園散步。剛好巧遇副總統一家人和流浪漢在野餐，副總統邀請總統一起來野餐。大家一起歡樂共享野餐美食，但圍繞著他們四周的卻是杯盤狼藉、散落一地的果皮和垃圾。

遠遠走來公園管理人員，看到這景象，對著他們説：「你看看，你看看，你怎麼把這裡弄成這樣亂！」而他知道這些在公園野餐的人會一起做些讓他們自己滿意的事情，是什麼呢？當然是大家一起動手把弄髒的環境整理乾淨囉！

閱讀活動 3 步驟

Step 1

閱讀前——認識單字

故事一開始場景在總統府裡，大家知道中華民國各個政府機構的英文名稱嗎？

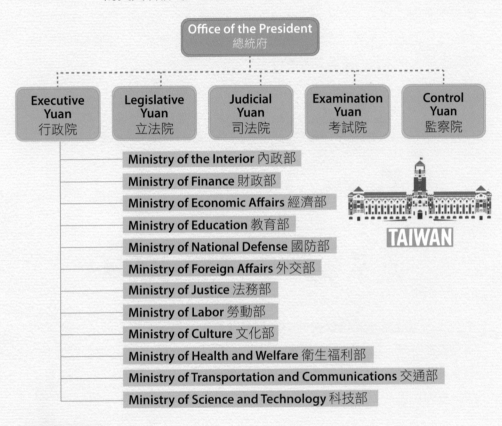

Office of the President
總統府

| Executive Yuan 行政院 | Legislative Yuan 立法院 | Judicial Yuan 司法院 | Examination Yuan 考試院 | Control Yuan 監察院 |

Ministry of the Interior 內政部
Ministry of Finance 財政部
Ministry of Economic Affairs 經濟部
Ministry of Education 教育部
Ministry of National Defense 國防部
Ministry of Foreign Affairs 外交部
Ministry of Justice 法務部
Ministry of Labor 勞動部
Ministry of Culture 文化部
Ministry of Health and Welfare 衛生福利部
Ministry of Transportation and Communications 交通部
Ministry of Science and Technology 科技部

TAIWAN

字彙加油站

(vice) president（副）總統	**document** 文件	**unnecessary** 非必須的
spotless 無瑕的	**tabletop** 桌面	**cabinet** 櫥櫃
stack 堆疊	**recline** 傾斜	**limousine** 豪華轎車
summon 召集	**protester** 抗議者	**sewer** 下水道

Climax

The homeless man yelled at Mr. President due to the messy environment.

情節高潮

流浪漢因為不滿髒亂的環境,而對總統先生大聲責備。

Rising Action

Mr. President was not happy what he saw because the vice president's office was messy. Mr. President yelled at the vice president. Then the vice president cleaned his office and went home.

劇情鋪陳

總統先生對於看到的感到不開心,因為副總統的辦公室很亂。總統先生大聲責備副總統。然後副總統清理完他的辦公室便回家。

Falling Action

Mr. President and his people did something to improve the messy environment.

故事收尾

總統先生和他的部屬們一起合力改善髒亂的環境。

Exposition

Mr. President was bored, so he decided to visit the vice president's office.

背景說明

總統先生覺得很無聊,所以他決定去副總統的辦公室拜訪一下。

Resolution

The vice president's family, the homeless man and Mr. President cleaned the mass after having a great picnic at the park.

最後結局

副總統一家人、流浪漢和總統在公園野餐後,一起清潔環境。

大補帖

情緒動詞和情緒形容詞用法

在故事中，Mr. President was bored. 為什麼是用 bored，而不是 boring 呢？「情緒形容詞」是國中基本文法，主動 -ing（現在分詞）影響他人情緒，表達「令人～的」；被動 -ed（過去分詞）情緒受到影響，表達「感到～的」。

bored 感到無聊的

boring 令人無聊的

exciting 令人興奮的

excited 感到興奮的

worrying 令人擔憂的

worried 感到擔憂的

interesting 令人有興趣的

interested 感到興趣的

embarrassing 令人尷尬的

embarrassed 感到尷尬的

tiring 令人疲憊的

tired 感到疲憊的

surprising 令人驚喜的

surprised 感到驚喜的

frightening 令人害怕的

frightened 感到害怕的

以 boring 和 bored 來説，Lisa is a boring girl. 表示 Lisa 這個人是很無趣的，可能大家跟她相處時，會覺得她沒什麼可以關注的。然而，如果換成 Lisa feels bored. 則表示 Lisa 現在覺得很無聊，可能外面下雨，她在家沒事可做。

各情緒形容詞所搭配的介係詞不同，整理如下：
be bored with　be embarrassed at　be excited about　be frightened of
be interested in　be surprised at　be tired of　be worried about

Step 3 閱讀後——看完故事聊生活

能源這個概念對孩子來說，似乎有些抽象，他們很難體會到當能源短缺時，會有多大的影響。只有在偶爾的停電和缺水的狀況下，他們才略為感受到能源缺乏時的不便。從生活中，建立孩子能源永續的概念，是很重要的。除了結合環境保護外，如何善用及節約能源，讓地球上的資源能循環使用，友善對待我們唯一的居住環境，是世世代代的一份責任喔！

與孩子共讀這本書後，我們可以跟孩子聊聊：

1. 故事中，副總統、副總統太太、小男孩和流浪漢的環境一開始都好亂，仔細看看插圖中，有哪些東西其實是可以循環再利用的呢？
2. 平常生活中，我們可以做哪些事情節能減碳呢？
3. 平常生活中，我們有哪些不良習慣會造成能源浪費呢？
4. 你平常會做哪些事情，讓生活中少些不必要的垃圾呢？
5. 你知道資源回收的項目有哪些嗎？

Daphne 的共讀筆記

跟孩子在美國旅居時，曾參觀過垃圾場的開放日活動。在參觀過程時，可以了解哪些生活中的廢棄物是可以回收再利用、哪些生活中的行為可以有助於能源不浪費，讓環境更美好。其中很有趣的就是，孩子們能坐上垃圾車，實際操作車上的收垃圾桶的大怪手，孩子們都覺得好新奇呢！

體驗垃圾車駕駛　　　　送植物給參與者，鼓勵綠化活動

環保 3R——reduce（減少）、reuse（重複使用）、recycle（資源回收）。雙北兩市有專用垃圾袋，減少垃圾量；全國餐飲禁止塑膠吸管，也鼓勵自備餐具重複使用；臺灣的資源回收項目，比歐美各國分類得更細、更嚴格。許多廢品項目，透過回收細分，再經由特殊處理，轉化為可重新利用的材料。

此外，全球致力發展「再生綠色能源」（renewable energy, green energy），依照各國天然的地理優勢，發展太陽能、風力、水力、地熱等無污染綠色能源，減少傳統火力發電燃煤排放的溫室氣體，以及核廢料可能造成的輻射威脅。許多國家也提煉玉米、甘蔗等作物，開發「生質燃料」（biofuel），代替石油化石燃料（fossil fuel）。

The Elephant That Ate The Night
文 Bing Bai　圖 Qingyue Li

在黑蘑菇森林裡的動物們都很害怕黑暗的到來。直到有隻很特別的大象出現，讓牠們看到一線曙光，因為這個大象能把黑暗吞噬。凡是大象所到之處，充滿無限光明，動物們可以從早玩到晚，但是正因如此，牠們不知何時要入睡。每個動物都累極了。最後，牠們只好請求大象把黑夜還給牠們，自此後，牠們發現原來黑暗並不是全然的那麼可怕囉！

My Light
文 圖 Molly Bang

每天天一亮，充滿朝氣的陽光灑下，「光」帶我們的生活中重大的影響。我們是如何運用這些光來產生能源呢？我們生活中的電是從哪來的呢？光又是如何幫助植物成長呢？而植物又是如何透過再生形成另一種能源，讓人們運用在各種需求上呢？太陽能又是如何將光轉換成電能，來運轉各種器具呢？整本書以帶有詩意的方式來解說光對於我們日常生活中的影響。文字易懂，插圖優美，適合大小朋友閱讀的一本知識性繪本。

閱讀新視野
認識垃圾分類及環保回收

日常生活中所產生出來的垃圾可分為一般垃圾、資源回收物和廚餘三類，其中資源回收物和廚餘是可以回收的。廚餘基本上就是分為養豬或堆肥兩類；而資源回收物就比較需要細分。相關團體規劃各地的 ICC 行動，至海邊、溪邊等水域進行淨灘。

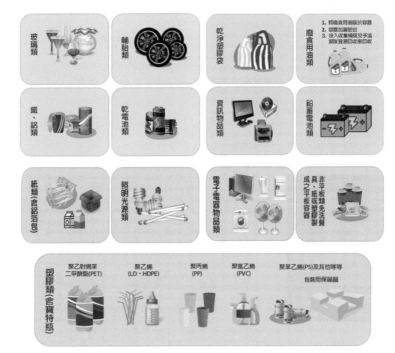

圖片取自新北
i 環保網站

國際上使用的回收循環標誌是 。在臺灣則是使用 標誌，猛一看不就跟中文「回」很像嗎？根據環保署的資料，這個設計代表著資源再利用、萬物生生不息的精神。因此，當看到物品上有這個標誌，是可以回收喔！而標誌中的四個逆向箭頭代表著參與回收的成員有：社區大眾、地方清潔隊、回收商和回收基金[註]。

註：參考資料取得自臺中市政府環境保護局資源回收網

透過有效的資源分類回收，不僅可以達到垃圾減量，再生利用，也能延長垃圾處理場的使用年限。從生活中的小地方引導孩子重視節能的概念，落實環保等活動，才能讓地球上的資源不浪費，能源被善用。

網路上有許多有趣的回收遊戲，提供孩子玩樂中，認識回收的重要性：

National Geographic Kids – Recycle Roundup

快來當個環保尖兵，幫助大猩猩整理公園。任務就是要把公園中的垃圾，放到適合的回收桶內。

ABCya-LITTER CRITTERS – LEARN TO SORT AND RECYCLE

遊戲分難易兩種，選擇喜歡的動物主角，根據指示進行垃圾分類遊戲。

Turtle Diary – Reduce Reuse Recycle Game

遊戲任務是將每樣垃圾放入正確的垃圾桶，每個垃圾出現時，會配有單字說明，所以孩子不僅能學習垃圾分類，還能學到垃圾種類的英文說法喔！

能 源 教 育
延伸閱讀書單

<table>
<tr><td>1.</td><td>Blackout</td><td>文 圖 John Rocco</td></tr>
<tr><td>2.</td><td>Energy Islan</td><td>文 圖 Allan Drummond</td></tr>
<tr><td>3.</td><td>Hey, Water!</td><td>文 圖 Antoinette Portis</td></tr>
<tr><td>4.</td><td>If Polar Bears Disappeared</td><td>文 圖 Lily Williams</td></tr>
<tr><td>5.</td><td>Oil Spill!</td><td>文 Melvin Berger　圖 Paul Mirocha</td></tr>
<tr><td>6.</td><td>The Boy Who Harnessed the Wind</td><td>文 William Kamkwamba & Bryan Mealer</td></tr>
<tr><td></td><td></td><td>圖 Elizabeth Zunon</td></tr>
<tr><td>7.</td><td>We Are Extremely Very Good Recyclers</td><td>文 圖 Lauren Child</td></tr>
<tr><td>8.</td><td>Why Should I Recycle?</td><td>文 Jen Green　圖 Mike Gordon</td></tr>
</table>

From **JAMES DEAN**, creator of **PETE THE CAT**

Tool
School

by Joan Holub · pictures by James Dean

Tool School

文 Joan Holub　圖 James Dean
出版社：SCHOLASTIC

閱讀技巧｜ Story Map
語言目標｜學習不同工具的用途，並懂得如何正確使用
　　　　　　工具製作物品
議題目標｜學習團結的重要

螺絲起子、鉗子、鐵鎚、量尺和鋸子等工具到學校去學習，他們一開始各做各的事情，卻發現有些事光靠自己是無法完成的。在老師的提醒下，他們學習互相合作，最後共同完成一項作品。

總工具箱裡的常見工具：鐵鎚、螺絲起子、鉗子、句子和量尺，這五個工具搭著黃色工具校車要上學囉！

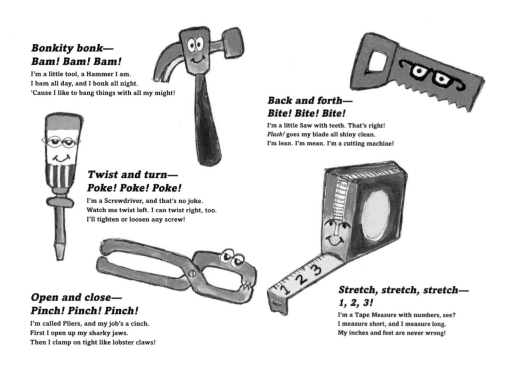

Bonkity bonk—
Bam! Bam! Bam!
I'm a little tool, a Hammer I am.
I bam all day, and I bonk all night.
'Cause I like to bang things with all my might!

Back and forth—
Bite! Bite! Bite!
I'm a little Saw with teeth. That's right!
Flash! goes my blade all shiny clean.
I'm lean. I'm mean. I'm a cutting machine!

Twist and turn—
Poke! Poke! Poke!
I'm a Screwdriver, and that's no joke.
Watch me twist left. I can twist right, too.
I'll tighten or loosen any screw!

Open and close—
Pinch! Pinch! Pinch!
I'm called Pliers, and my job's a cinch.
First I open up my sharky jaws.
Then I clamp on tight like lobster claws!

Stretch, stretch, stretch—
1, 2, 3!
I'm a Tape Measure with numbers, see?
I measure short, and I measure long.
My inches and feet are never wrong!

五種工具的特色介紹

電鑽老師親切地跟工具學生們打招呼，帶領著大家學習新事物、認識新朋友、並透過歌謠來學習安全守則。

除了五個主要工具主角，插圖中還有其他的常見工具

不僅如此，老師還要大家嘗試發揮專長做些東西。一開始，大家各做各的，但是成果不大好，不是做錯就是做得亂七八糟。老師看到後，提醒工具們，有時候團結合作也許能把事情做得更好，於是，工具們齊心合力完成了很酷的工具箱。

閱讀活動 3 步驟

閱讀前──認識單字

請孩子想想，家中的工具箱裡有哪些常見且必備的工具呢？向孩子解說各個工具的名稱及使用方式。接著，在共讀到第 1 ～ 2 頁五個工具的基本介紹頁時，可以拿出工具箱內對應的工具，請孩子觀察外觀及想想可以用在哪些狀況。

接著，請孩子想想還有哪些工具是家中常用到或很常看到的，但書中卻沒有介紹，逐一列舉出來。

> **家長** What are the must-have items in the tool box?

> **孩子** Let me think. We should have…
> （a hammer, nails, tape, a drill…）

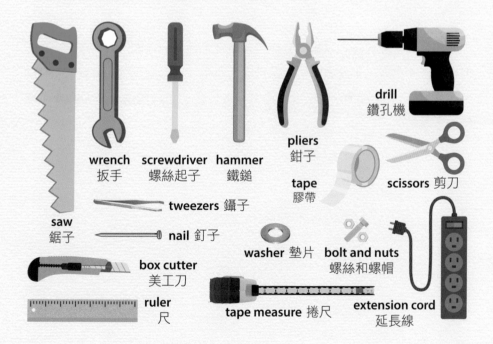

drill 鑽孔機
pliers 鉗子
tape 膠帶
scissors 剪刀
wrench 扳手
screwdriver 螺絲起子
hammer 鐵鎚
tweezers 鑷子
saw 鋸子
nail 釘子
washer 墊片
bolt and nuts 螺絲和螺帽
box cutter 美工刀
ruler 尺
tape measure 捲尺
extension cord 延長線

tighten 鎖緊	**loosen** 鬆開	**flashlight** 手電筒	**clamps** 螺絲夾鉗
twist 扭轉	**lobster** 龍蝦	**bang/bonk** 敲擊	**cinch** 簡單的事
might 力氣	**stretch** 延展	**goggles** 護目鏡	**cardboard** 硬紙板

Step 2　閱讀時——用 Story Map 學閱讀

Who　Five tool students, and Ms. Drill
角色：五位工具學生與電鑽老師

Where　Tool School
場景：　工具學校

Problems　Five tools can't make things alone sometimes;
問題：　they need to work with others.
　　　五個工具有時不能自己獨立完成事情，他們需要
　　　彼此互助合作。

Solution　They learn how to cooperate with others. In the end,
結果：　they make a tool box together.
　　　他們學習互助合作。最後一起完成工具箱。

當工具學生們完成工具箱後,他們互相揮別道再見。除了常聽到的 "See you", "Bye" 及故事中的 "So long" 外,還有哪些道別的用語呢?

✦ See you again. / See you soon. / See you later. / See ya.
以上皆用於「短期再會」。

✦ Catch you later. / Talk to you later. 晚點見;之後再聊。

✦ Ciao. 義大利文的「你好;再見」,但在英文中僅表示「再見」。

✦ ¡Adiós! 西班牙文的「再見」。美國有許多拉丁裔,因此普遍使用。

✦ Bon voyage. 法文的「旅途愉快;一路順風」。

✦ Farewell. 一路平安,適用於送別。

✦ Until we meet again. 後會有期。

✦ Take care. 保重。

✦ I'm off. / I'm leaving. / I must be going. / I gotta go.
我要(該)走了。

✦ Have a good day / a good one / a nice weekend.
祝你有個愉快的一天(周末)。

Step
3

閱讀後——**看完故事聊生活**

故事中以不同的工具來探討互助合作的重要；故事一開始先分別說明各個工具的特色及用途，每種工具都有其功用，但是有時光靠自己並不能完成所有的事情，團結合作發揮所長，更能有效的達到目標。這不就像是學校裡或職場中一樣嗎？當進行團體活動時，如何善用自己的優點並與他人一起合作達成設定目標，而不是自己獨自奮戰，有時是需要學習的。

與孩子共讀這本書後，我們可以跟孩子聊聊：

1. 是否知道家中的工具箱內有哪些工具？
2. 工具箱內的工具各自的用途是什麼？
3. 可以運用工具箱裡的哪些工具來做自己想要的東西呢？
4. 獨力奮戰和團隊合作的優缺點有哪些？
5. 生活中或學校裡，有哪些活動需要大家合作才能完成呢？

與孩子一同紀錄寫下閱讀收穫

Daphne 的共讀筆記

在國外生活幾年，由於當地的人工費用較高，所以很多簡單的修繕工作，當地人都能自己處理，如自己組裝庭園的架子或車庫內的整理木架等等。當地的小孩有不少機會去接觸這些敲敲打打的活動，很多販售 DIY 家用品的商店都會不定期舉辦親子活動，鼓勵家長帶著孩子一起學習工具的使用。

在洛杉磯的 LOWE'S 參加木製小馬車的 DIY 活動

國內也有不少連鎖 DIY 店家，提供收費的手作木工活動。可以透過這些親子活動，讓孩子體驗看看不同工具的使用方式，從中學習如何安全且正確的使用鐵槌、電鑽等工具來製作東西喔！

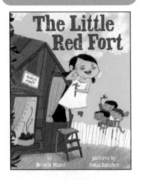

The Little Red Fort

Ⓧ Brenda Maier　🖼 Sonia Sánchez

根據 *Little Red Hen*《小紅母雞》的故事結構創新改編。內容描述一位叫 Ruby 的女孩，她腦子裡總是充滿了無止境的想像力和點子。有一天，她想要用紙板蓋東西，她請兄弟們來幫忙，但是他們都嘲笑她，說她根本不知道要怎麼蓋東西。Ruby 告訴他們，她會學習的。沒想到，她還真的蓋了個堡壘，讓她的兄弟們都好想去玩。但 Ruby 會與曾嘲笑她的兄弟分享自己辛苦完成的成果嗎？

Robots（A True Book: Behind the Scenes）

Ⓧ Cody Crane

機器人到底會帶給人們哪些影響？人類已經運用機器人做了哪些事情？生活中，人工智慧到底帶給我們哪些重大的影響呢？透過這精密的科技產品，讓人類不僅更多機會去探索未知的領域，更帶來許多便利；但，有沒有任何負面問題產生呢？快來閱讀這本知識性的讀物，了解人工智慧對現代的影響吧！

閱讀新視野

來趟科技之旅

讓孩子參與實驗活動或來趟豐富有趣的科學探索之旅，往往能激發孩子對於生活中的科技應用感到好奇。

以下彙整臺灣幾個知名的科學博物館：

國立臺灣科學教育館

◎ 臺北市士林區士商路 189 號

臺灣科學教育館，簡稱科教館。地下室為兒童益智探索館，還有一個地底世界展；常設展分為「3F 科學探索區」、「4F 生命科學展示區」與「5F／6F 物質科學展示區」。7、8 樓則為特展區，會有國內外的科學相關活動不時設展。

參加臺北科學教育館活動

國立自然科學博物館

◎ 臺中市北區館前路一號

國立自然科學博物館，簡稱科博館，是臺灣國家十二項建設文化建設下的第一座科學博物館。館區內有科學中心、太空劇場、生命科學廳、人類文化廳、地球環境廳與植物園。科博館館外園區有九二一地震教育園區、南投縣鹿谷鄉的鳳凰谷鳥園及竹山鎮的車籠埔斷層保存園區。

國立自然科學博物館

國立科學工藝博物館

◎ 高雄市 807582 三民區九如一路 720 號

國立科學工藝博物館，簡稱科工館，是臺灣第一座應用科學博物館。以收藏及研究科技文物、展示與科技相關主題，並推動科技教育為其主要項目，是行政院十二項建設文化設施項目之一。館內分為北館及南館，北館有常設展示廳、大銀幕電影院、開放式典藏庫、創客工場、綠能生活探索館；南館有科普圖書館、科普咖啡站、度量衡廣場等設施。

©WikiCommons

國立科學工藝博物館

科 技 教 育
延伸閱讀書單

1. *I Am Albert Einstein* — ㊝ Brad Meltzer ▦ Christopher Eliopoulo

2. *I Wonder Why Zippers Have Teeth and Other Questions About Inventions* — ㊝ ▦ Barbara Taylor

3. *If You Give a Mouse an iphone* — ㊝ ▦ Ann D royd

4. *Magnets Push, Magnets Pull* — ㊝ David A. Adler ▦ Anna Raff

5. *On a Beam of Light* — ㊝ Jennifer Berne ▦ Vladimir Radunsky

6. *Robots, Robots Everywhere!* — ㊝ Sue Fliess ▦ Bob Staake

7. *Rosie Revere, Engineer* — ㊝ Andrea Beaty ▦ David Roberts

8. *The Diamond and the Boy* — ㊝ Hannah Holt ▦ Jay Fleck

THE INTERNET
is Like a Puddle

Shona Innes * Írisz Agócs

SCHOLASTIC

The Internet is Like a Puddle

文 Shona Innes　圖 Írisz Agócs

出版社：SCHOLASTIC

閱讀技巧｜ Pros and Cons Chart
語言目標｜表達使用網路的優缺點
議題目標｜認識資訊與生活的互動關聯

網路便捷為生活帶來許多方便及樂趣，就像雨後的水坑，讓孩子總是忍不住踏進去玩一下。作者以孩童常玩的水坑譬喻成網路世界，水坑有深有淺、有些可能看似淺坑，但卻是個骯髒的泥坑。到底要如何保護自己，善用網路的優點，遠離可能的危險，將是每個網路使用者都要學習的課題。

網路世界真的很奇妙，透過它，我們可以跟遙遠的親友們視訊聯絡，也可以獲得很多的新知，還有在休閒時候玩遊戲放鬆一下。

水坑就像網路世界一樣的充滿趣味，你可以用各式各樣的方式去體驗它的樂趣。

柔美且逗趣的插圖呈現水坑不同的玩樂方式

有些水坑表面看起來很清澈乾淨，但是裡面可能藏汙納垢；又或者有時當我們踏進去時，才發現比預期踩得還深，甚至會被卡在裡面。

網路世界不就像水坑一樣充滿樂趣嗎？但是，網路有時卻比你所知道的還複雜，我們往往不能從表面看透它內底的意圖。

以兔子掉入坑裡表示網路世界的可怕

因此，當我們使用網路時，要確保自身的安全，不要過度沉迷。正規的生活要維持，要記得讓身體動一動，出去運動保持身體健康。

有時網路太過方便，輕輕地按個鍵，可能會讓自己深陷危機，例如和陌生人在網路互動亦是潛在的危機。因此，在使用網路時，最好有大人的陪伴引導，替孩子們把關合適的內容。

家長引導陪伴使用網路的重要性

書中以輕鬆且易懂的口吻，陳述網路世界猶如水坑一般，充滿樂趣卻又有一定的風險，讓孩子明白要如何安全地使用網路，不讓自身暴露於危險中，才能充分享受網路帶來的便利及優點。

閱讀活動 3 步驟

Step 1

閱讀前——認識單字

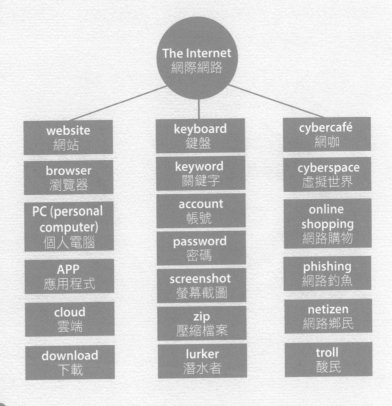

The Internet
網際網路

website 網站	keyboard 鍵盤	cybercafé 網咖
browser 瀏覽器	keyword 關鍵字	cyberspace 虛擬世界
PC (personal computer) 個人電腦	account 帳號	online shopping 網路購物
APP 應用程式	password 密碼	phishing 網路釣魚
cloud 雲端	screenshot 螢幕截圖	netizen 網路鄉民
	zip 壓縮檔案	troll 酸民
download 下載	lurker 潛水者	

字彙加油站

puddle 水坑	**gadget** 小裝置	**pretend** 假裝	**tricky** 狡猾的
shallow 淺的	**actually** 實際上	**surface** 表面	**slime** 黏液
stuck 卡住	**tablet** 迷你電腦	**screen** 螢幕	**swipe** 刷（卡）
click 按下	**stranger** 陌生人	**flow** 流動	**creature** 生物
unless 除非	**strange** 奇怪的	**tempt** 誘惑	**sneak** 潛行
amazing 令人驚喜的	**underneath** 在……底下	**grown-up/adult** 成人	**accidentally** 意外地

閲讀時──用 Pros and Cons Chart 學閲讀

The Internet
網路

Advantages 優點

① **Help us to meet friends**
和朋友們視訊聊天

② **Learn about new things**
and share with others
學習到事情並和其他人分享

③ **Full of fun and useful**
充滿歡樂及實用性

Problems 問題

① **Less face-to face interactions**
with people
缺乏人們面對面實際互動

② **Spend less time doing exercise,**
not getting enough sunlight
缺乏運動、沒時間曬太陽

③ **See things that we are not allowed**
to see
看到我們不應該看到的東西

④ **Chat to strangers**
與陌生人聊天

Solution 結果

Need to check with an adult when using the Internet
使用網際網路時，需和大人做確認

文章中的連接性副詞（linking words）

在分析事件的文體中，適當運用連接性副詞（又稱 transition words 轉折語），會讓文章脈絡更連貫清晰。常用的 linking words 如下：

◆ **先後順序**

first of all / in the first place / to begin with 首先；一開始

then 接著　　next 接下來　　thereafter 此後　　afterward 後來

firstly 第一　secondly 第二　thirdly 第三　　last / lastly 最後

◆ **補充說明**

besides / also / moreover / furthermore / in addition /
what's more 並且；此外

◆ **陳述結果**

therefore / hence / thus / as a result 因此

◆ **結論用語**

after all 畢竟

finally / eventually / ultimately / at last 最後

in the long run / in the end of the day 長遠看來

in short / in brief / in a word / in a nutshell 簡而言之

in conclusion / in summary / to sum up / to summarize 總而言之

Step 3

閱讀後——**看完故事聊生活**

現在的孩子很早就開始接觸 3C 產品，從手機到平板，從 YouTube 到線上遊戲，幾乎每個孩子在上國中（甚至國小）就開始接觸這些科技裝置及社群網站。與其完全地限制，不如協助孩子認識這些產品的優缺點，進而從中學習如何善用科技資源，幫助自己獲得更多新知識。

與孩子共讀這本書後，我們可以跟孩子聊聊：

1. 上網時要注意哪些事情？
2. 每次使用 3C 產品多久時間就要休息呢？
3. 平常喜歡上網看哪些節目或頻道呢？
4. 如果有陌生人在網路上邀約見面，要如何回應呢？
5. 如果長時間使用網路或打電動，可能產生哪些不良的後果呢？

與孩子一同紀錄寫下閱讀收穫

Daphne 的共讀筆記

資訊教育

隨著科技日新月異地發展，我們的世代到孩子這輩已經是大不同了！然而便利之下，若沒有給予正確的觀念，孩子們可能會沉溺於虛擬世界，而無法與真實世界接軌。

因此，我和孩子外出時，幾乎不會讓他們使用 3C 產品，而是帶他們到公園跑跳、去科教館參與探索學習活動，給予他們接觸真實世界的事物，才能啟發更多的想像力！如何不讓孩子從小就被 3C 產品「綁架」，是這一代家長要學習的課題呀！

170　　　用英文繪本讀出孩子的素養力

科技不僅是電腦或手機等 3C 產品，科技是環繞在我們生活周遭的各種不同事物，當你想吃冷凍義大利麵時，你會想到用哪種科技產品來幫你快速加熱呢？微波爐！透過唸唱書中的文字及搭配趣味的插圖，讓讀者了解科技在生活中的重要性。

Technology Is All Around You!
A Song for Budding Scientists
文 Blake & Katie Hoena　圖 Kelly Canby

想知道有關電玩的各種資訊嗎？你知道最早的遊戲機是何時被發明的嗎？完整電玩的進化史、各類型的遊戲模式、創作電玩的歷程等，全部都記錄在這本書中。當你按下開始鍵那刻，歡迎進入不可思議的電玩世界囉！

Game Design
文 Jennifer Hackett

閱讀新視野
認識程式語言 Coding

在 108 課綱中，程式語言（programming language）已納入國中及高中的必修課程，而國小則根據各校資源，發展適合的教學方式。為何大家開始重視程式語言呢？這不是要當工程師的人才需要學習的嗎？其實不然，運用計算性思維解決問題是程式語言的基礎，這不僅用在電腦 3C 的研發，更可運用在日常生活中的各個環節，因為在學習程式語言的過程中，能夠培養孩子邏輯思考，為了要完成任務，他們需要思索各種不同的可能性，從中學習解決問題的能力。

對於孩子來說，初步接觸程式語言，寫程式（coding）需要引導活動，讓孩子學習計算性思維，從拆解問題、找出問題的規律模式、學習歸納及分析，最後構思解決問題的步驟。

結合桌遊的程式語言課程，讓孩子從遊戲中學習 coding

國內已經有許多機構著墨在孩童的程式語言邏輯養成，有機器人課程、電腦程式設計課程，還有結合桌遊和機器人等多元的學習方式。

網路上有不少免費的資源可以參考：

Blockly Games

適合給剛接觸程式語言的孩子使用，不需要下載任何程式，只要上網打開瀏覽器即可開始進行活動，練習簡易的程式邏輯。從一開始最簡易的

Puzzle，根據圖像指示完成任務；Maze 要思考給予方向指令，執行指令後看是否正確，若是有誤，則要重新思考如何調整指示來完成任務。內有八種程式活動（Puzzle, Maze, Bird, Turtle, Movie, Music, Pond Tutor, Pond）提供練習，透過拖曳和組合「積木語言」，從簡到難，逐一培養孩子的計算思維能力。

Code Monkey

適合初階者的程式遊戲關卡，網路設計是給九歲以上的孩子使用，關卡內容是要幫孩子搶回香蕉的故事，從淺到深的程式邏輯設計，讓孩子運用圖形按鈕，一關接一關的解決問題，學習程式思考的基本概念。網頁提供約 30 個免費遊戲，進階關卡則是要付費使用。

Code Combat

提供孩子一個像是線上遊戲的模式，讓孩子在一個奇幻世界中，透過玩戰鬥遊戲的過程，學習寫程式的概念，較適合高年級或青少年。這個網站有繁體中文版，使用者要根據需要過關的相關指示，規劃及推論自己可能需要運用的指令，方能完成任務進行到下一關。

資 訊 教 育
延伸閱讀書單

A Pouch
for
Pocket

written by
RAN YI

illustrated by
YONGHENG WEI

REYCRAFT
B O O K S

14
安全教育

A Pouch for Pocket

文 Ran Yi　　**圖** Yongheng Wei
出版社：REYCRAFT

閱讀技巧｜Story Map
語言目標｜能夠說出多種動物名稱及對應的動作
議題目標｜學習如何判斷周遭的安全性，並學習認識自
　　　　　　己身體的重要性

可愛的澳洲小袋鼠 Pocket 對於自己有個不知用途的腹袋感到困惑，到底在自己身上的袋子是要做什麼的呢？是用來裝美麗的花朵，還是裝熱呼呼的太陽呢？到處遊玩的 Pocket，會不會因為這樣亂裝東西到牠的腹袋而惹上麻煩呢？就跟著小袋鼠 Pocket 一起學習保護自己、注意安全的概念吧！

在一片大草原上，住著一隻可愛的藍色小袋鼠，名叫 Pocket。牠最喜歡跳高高，整天最快樂的事情就是到處跳來跳去。但是有件事情牠一直都很困惑，那就是牠不知道肚子上的那個袋子是要做什麼用的。

有一天，牠到了一片花海，滿地色彩繽紛的花朵。小袋鼠突然有個想法，也許牠的腹袋可以當成花瓶來裝這些美麗的花朵吧！但當風一吹，這些花朵也就隨風飄走了。

當牠看到天空中綻放光芒的太陽，牠想了想，牠的腹袋肯定裝不了這熱騰騰的太陽。接著，牠跳到了河邊玩，看到了河流裡的小魚們。突然間，有條小魚跳進了 Pocket 的腹袋裡。Pocket 想了想，也許牠的腹袋是可以裝

小魚的魚缸，便努力裝水進去。但沒想到，腹袋裡的水卻流光了，小魚看到河水，又跳回去了。

小袋鼠跳呀跳，牠看到樹上有個蜂窩，Pocket 看了看自己的腹袋，也許這個腹袋可以當作蜂蜜罐。當牠把蜂蜜放進腹袋內，卻吸引了一堆蜜蜂緊追在後，小袋鼠嚇壞了，快速地跳呀跳，直到跳到了袋鼠媽媽的身邊。

袋鼠媽媽趕緊要小袋鼠跳進媽媽的腹袋裡，袋鼠媽媽立刻大力的跳開蜜蜂群。小袋鼠在媽媽溫暖的腹袋裡，安心地睡著了。袋鼠媽媽溫柔地拍拍自己的腹袋，對小袋鼠說：「媽媽的袋子就是你的家。」

閱讀活動 3 步驟

閱讀前──**認識澳洲動物名稱**

澳洲有許多當地的特色動物，除了袋鼠外，其他動物也十分可愛，一起來認識這些有趣的澳洲動物吧！

emu
鴯鶓

kookaburra
笑翠鳥

cassowary
食火雞

dingo
澳洲野狗

Australian Animals
澳洲特有動物

rainbow lorikeet
彩虹鸚鵡

echidna
針鼴

crocodile
鱷魚

platypus
鴨嘴獸

pouch 腹袋	**pocket** 口袋	**grassland** 草原	**tummy** 肚子
wilt 枯萎	**field** 田野;領域	**splash** 噴濺	**fishbowl** 魚缸
beehive 蜂窩	**suddenly** 突然間	**pat** 輕拍	**honey jar** 蜂蜜罐

Step 2

閱讀時——**用 Story Map 學閱讀**

Who Pocket（the kangaroo）, mother kangaroo
角色：Pocket（小袋鼠）、袋鼠媽媽

Where grassland, flower field, river, and so on.
場景： 草地、花海、河流等。

Problem Pocket didn't know how to use his pouch.
問題： Pocket 不知道如何使用牠的腹袋。

Events
事件：
1 Pocket put flowers in his pouch, but the flowers flew out.
小袋鼠把花放到腹袋裡，但花卻都飛出來了。

2 A fish jumped into Pocket's pouch, but it jumped back to the river.
一隻魚跳進小袋鼠的腹袋裡，但又跳回了河裡。

3 Pocket put honey in his pouch, so the bees chased him.
小袋鼠把蜂蜜放入腹袋，招來蜜蜂的追趕。

Outcome Pocket's mom saved Pocket and let him stay in
結果： Mama's pouch.
袋鼠媽媽救了小袋鼠，並讓牠待在母親的腹袋裡。

地方介係詞

故事中，小袋鼠跳過 hop through 很多地方，不少東西也跑進牠的腹袋裡。眼尖的讀者，應該發現不同的場景，所應用的地方介係詞有所不同，一起來學習這些地方介係詞的用法吧！

- ◆ **at** 在……地方，常用於小地點

  例 at home（在家）、at school（在學校）

- ◆ **in** 在……裡面、在某城市（國家）

  例 in the box（在盒子裡）、in Taipei（在臺北）

- ◆ **on** 在……上面

  例 on the table（在桌上）、on the street（在街上）

- ◆ **between** 在……之間

  例 The shop is between the restaurant and the bookstore.

  （商店位在餐廳與書店之間）

- ◆ **along** 沿著 例 walk along the road（沿著路走）

- ◆ **through** 穿過 例 hop through（跳著穿越）

- ◆ **above** 在……之上

  例 The sun is above the cloud.（太陽在雲的上方）

- ◆ **under** 在……之下

  例 The cat is under the chair.（貓在椅子下方）

- ◆ **across** 橫越 例 hop across（跳著越過）

- ◆ **into** 進入 例 jump into（跳進去）

- ◆ **up** 向上 例 hop up（往上跳）

- ◆ **down** 向下 例 look down（往下看）

Step 3

閱讀後——**看完故事聊生活**

孩子在成長過程中，總是讓家長們操透了心。正因為他們對於周遭環境及自身安全的不了解，所以在跌跌撞撞中學習。為何他們都不知道保護自己呢？其實是跟孩子成長認知有關，幼童期的孩子對於熱、尖等物品逐漸產生辨識，隨著年齡漸增，慢慢對於遠近高矮有了概念，但是對於速度無法像大人那樣判斷，過馬路時，孩子較難分辨車輛行進的速度及距離感[註1]。有時並不是孩子粗心或調皮，而是他們成長認知階段尚未發展完整，因此更需要成人給予他們協助及陪伴，讓孩子在適當的安全環境中學習。

與孩子共讀這本書後，我們可以跟孩子聊聊：

1. 為何小袋鼠 Pocket 會一直想裝東西在自己的腹袋裡呢？
2. 如果你有一個腹袋，你會想要裝什麼呢？
3. 生活中有哪些行為可能會傷害到自己的身體呢？
4. 你知道有哪些動物是屬於有袋類動物嗎？[註2]
5. 有袋類動物有哪些特質呢？牠們的腹袋有什麼作用呢？[註3]

註1：關於兒童安全須知，可參考從小作起－談兒童之交通安全教育

註2：更多有袋動物可以參考 p.202。

註3：懷孕的有袋動物，因不像其他哺乳類動物在子宮內形成發育完全的胎盤，幼獸不能在母體獲得足夠養分，所以約發育至 4～5 周便出生，之後再爬進母親的腹袋內發育，攝取乳汁成長。（資料參考自網路維基百科）

安全教育

Daphne 的共讀筆記

澳洲的有袋類動物真的都很可愛，每次講到跟澳洲動物有關的繪本，我都會忍不住和孩子們分享當年在澳洲讀書到處旅遊的生活體驗。一般臺灣孩子比較認識的袋鼠是木柵動物園看到的 kangaroo（大型袋鼠），成年 kangaroo 身長約 170 公分，最高可達 200 公分。澳洲還有另一種常見的小體型袋鼠——wallaby（沙袋鼠），身長僅 45 ～ 105 公分。家長們可以善用網路資源，跟孩子一起了解這兩種袋鼠的差別喔！

kangaroo 大型袋鼠

wallaby 沙袋鼠

How Do Dinosaurs Stay Safe?

文 圖 Jane Yolen & Mark Teague

恐龍會爬高高嗎？會在床上蹦蹦跳嗎？會騎腳踏車時沒戴安全帽嗎？牠會站在椅子上或跑步下樓嗎？不不不，恐龍不會這樣做。當恐龍過馬路時，牠會握緊媽媽的手，並小心謹慎地看紅綠燈。當牠用餐時，牠會小心使用刀叉這些餐具。當牠在路上走路，決不會跟陌生人走。書中先將孩子常做的危險事情列出來，詢問讀者。接著，以恐龍正確的行為，讓讀者知道要如何在生活中保障自己的安全。透過這樣輕鬆易懂的文字，搭配調皮可愛的恐龍生活百態插圖，讓孩子在快樂閱讀中學習保護自己。

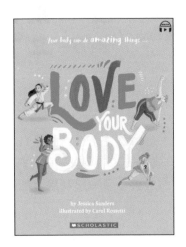

Love Your Body

文 Jessica Sanders 圖 Carol Rossetti

每位女孩都要愛惜、欣賞自己的身體，不管是高矮胖瘦，每個人都是獨一無二的個體。當進入青春期時，會感受到很多不同的轉變，這些都是踏入下一個里程的開始。每個人都有權利珍愛自己，不因為社會觀點去做傷害自己的事情，如：刻意用錯誤的方式追求苗條的身材，學習愛護自己的身體，因為每個女孩都值得擁有愛和追求夢想的權利。

閱讀新視野
認識自己的身體部位

國小階段的孩子對於自己身體的各部位用途並不是很懂，有時候同學間的惡作劇可能會造成嚴重的傷害，往往超過他們所預期。因此，引導孩子珍惜自己的身體，認識各部位的構造，學習保護自己和尊重他人至關重要。

以下彙整實用的英文網站資源：

KidsHealth.org

這個網站提供給家長、兒童、青少年和教師不同的內容，以兒童來說，裡面包含 How the Body Works、Puberty & Growing Up、Staying Healthy、Staying Safe 等 12 種內容。以 How the Body Works 為例，裡面將身體各部位的內容做細項說明，並有線上音檔搭配文章可聆聽。看完文章後，有相關題目可做測驗，確認自己是否有所理解。不僅如此，還有生動的影片說明、額外的活動及單字練習喔！

DK Find Out!

全方位知識性的網站，從天文、地理到歷史、健康等主題，應有盡有，各主題內的細項亦相當豐富，除了跟書本一樣詳盡的文章說明外，還有影片、問題集和有趣的事實解說。如果能每天花點時間跟孩子一起利用這個網站進行閱讀，相信孩子的英語能力會大躍進喔！

e-learningforkids

網站內共有兩大主題，一個是數學（Math World），另一個是科學（Science

World）。以完成任務為導向的遊戲設計，引導孩子透過闖關的概念學習新知。在 Science World 共有八大關，含 213 個學習課程，給當地幼稚園到六年級孩子使用。

Health for Kids

Health for Kids 網站包含了健康、感受及疾病三大學習主題。除了各主題中有不同的學習文章外，特別推薦的是它有個圖解字典的功能，在閱讀中，透過圖像幫助孩子理解單字。

善用網路各種豐富的資源，不僅能讓孩子拓展學習視野，更能從各種題材中獲得多領域的詞彙，為英文學習打下深厚的基礎。

安全教育
延伸閱讀書單

1 · *After the Fall* ⸺⸺⸺⸺ 文 圖 Dan Santat

2 · *Berenstain Bears Learn about Strangers* 文 Jan Berenstain 圖 Stan Nerenstain

3 · *I Said No!* ⸺⸺⸺⸺ 文 圖 Kimberly King

4 · *Rulers of the Playground* ⸺⸺ 文 圖 Joseph Kuefler

5 · *The Dark* ⸺⸺⸺⸺⸺ 文 Lemony Snicket 圖 Jon Klassen

6 · *The Girl Who Never Made Mistakes* 文 Mark Pettt & Gary Rubinstein 圖 Mark Pett

7 · *The Pigeon Needs a Bath* ⸺⸺ 文 圖 Tony Ross

8 · *What If Everybody Did That?* 文 Ellen Javernick 圖 Colleen M. Madden

The Magic School Bus®

PRESENTS

Wild Weather

SCHOLASTIC

15 防災教育

The Magic School Bus Presents: Wild Weather

文 Sean Callery　圖 Carolyn Bracken
出版社：SCHOLASTIC

閱讀技巧｜ Notes Taking
語言目標｜ 認識有關天氣的相關字詞及知識
議題目標｜ 了解環境氣候對於生活的影響，學習尊重大
　　　　　　自然並懂得做好正確的防災保護

當颱風來臨前，我們能做些什麼來預防可能的災害呢？當地震突發時，我們要怎麼保護好自己呢？看到前方有熊熊烈火時，要如何冷靜脫困呢？不管是天災或人禍，若我們能多點認識及瞭解，並從中學習如何防範或面對這些災害，當事件真的發生那刻時，也許腦海中熟記清楚的防災步驟，能讓自己及親人遠離傷害！

魔法校車要帶大家認識有關天氣的知識與常識囉！雨後的天空出現了繽紛的彩虹。彩虹到底是怎麼形成的呢？你知道彩虹的全貌是圓形的嗎？你知道雲形成的因素嗎？雲有哪幾種常見的型態呢？這些大自然的知識，魔法校車的師生們，清楚解釋給讀者們了解。

每一個跨頁介紹一個主題，包含天氣、雲朵、水、雨、風力、颶風、龍捲風、雷電、暴風雪、極寒天氣、酷熱天氣、天氣預測、氣候變遷，與氣象相關的職業和科學知識。

各主題除了基本介紹外，還有重點小知識：

各章節標題	重點小知識
Weather All Around Us 我們周遭的天氣	**How do rainbows form?** 彩虹如何形成？
Up in the Clouds 漫遊雲端	**Types of clouds** 雲的種類
Water Everywhere 無所不在的水	**The water cycle** 水循環
Rain 雨	**What are monsoons?** 何謂季風雨季？
Wind Power 風的力量	**What are sandstorms?** 何謂沙暴？
Hurricane 颶風	**How do you name a hurricane?** 颶風是如何命名的？
Tornado 龍捲風	**What is Tornado Alley?** 何謂龍捲風走廊？
Thunder and Lightning 打雷與閃電	**Storm safety** 暴風雨防災安全
Snowstorms 暴風雪	**What is a whiteout?** 何謂白矇天？
Freezing Weather 天寒地凍	**Life in Antarctica** 南極圈生活
Hot Weather 炎熱難耐	**How hot is hot?** 多熱才是熱？
Changing Climate 氣候變遷	**How can we help the planet?** 我們該如何改善地球？
Weather Professionals 有關氣候的職業	**storm chasers**（追風者） **meteorologists**（氣象學家） **climatologists**（氣候學家） **weather forecasters**（氣象員） **atmospheric science teachers**（大氣學老師）

大自然給予人類許多資源，但也有許多天然災害，如龍捲風、地震等。透過認識這些天然災害的特質，學習正確的防災方式來保護自己並尊重大自然的一切。

閱讀活動 3 步驟

閱讀前——**有關天災的字詞**

global warming
全球暖化

climate change
氣候變遷

air pollution
空氣污染

typhoon
颱風

tsunami
海嘯

lightning strike
雷擊

blizzard
暴風雪

wildfire
森林大火

avalanche
雪崩

earthquake
地震

volcano eruption
火山爆發

draught
乾旱

flood
水災

tornado
龍捲風

mudslide
土石流

torrential rain
豪雨

字彙加油站

explain 解釋	**cumulus** 積雲	**atmosphere** 大氣層
water vapor 水蒸氣	**spiral** 螺旋的	**destructive** 破壞性的
continent 大洲	**Antarctica** 南極	**turquoise** 青綠色
Fahrenheit 華氏	**Celsius** 攝氏	**forecast** 預測
snowflake 雪花	**whiteout** 白矇天（大雪白霧籠罩導致零能見度）	

Step 2

閱讀時───**用 Notes Taking 學閱讀**

學習筆記撰寫的方式，對於學業是很重要的。好的筆記能夠讓你組織好文體的重點資訊、快速記錄所見所聞、能夠釐清思緒並能分析及歸納整合結果。

在閱讀養成的過程中，陪孩子一起建立做筆記的習慣，一起討論書中的重點，與孩子建立更多互動話題，同時一起共學。

Contents 內容	Notes Taking 筆記內容
Clouds 雲	cloud—drops of water　雲─水滴 fog—low cloud　霧─低雲層 types of clouds—cumulus, stratus, cirrus 雲的種類─積雲、層雲、卷雲
Water 水	ocean—70%　海洋─70% water cycle—liquid, gas, solid 水循環─液體、氣體、固體
Rain 雨	monsoon—strong wind, heavy rain 季風─強風、大雨
Wind Power 風力	windmill—rotating blades, electricity 風車─旋轉的葉片、電力
Hurricane 颶風	hurricane = typhoon = cyclone 颶風＝颱風＝氣旋 spiral form, eye, wind direction 螺旋狀、颱風眼、風向

火災現場常用英語

在臺灣常見的災害以火災和地震及颱風為多。在校園中，比較多的防災演練以火災或地震為主，一起來學習有關火災演練的英文內容。

When fires burn, you need to remember:
當火災發生，你需要記得下列事項：

◆ **Know two ways out of every room in your house.**
知道所居處每個房間的兩個逃生出口。

◆ **Practice getting out with a grown-up**.
跟大人一起從出口處逃出。

◆ **Stay low, and get to your exit if your smoke alarm sounds and you see smoke**.
如果你的煙霧鈴響或你看到煙霧，要蹲低，找出口。

◆ **Before you open a door, feel it. If it is hot, use your other exit.**
在你要開門之前，先感覺一下溫度。如果感覺有熱氣，換其他出口。

◆ **Go to your outside meeting place.**
到戶外與家人說好的集合點。

◆ **Call the emergency number from a cellphone or a neighbor's house phone. Call 9-1-1 in the US; 1-1-9 in Taiwan.**
用手機或鄰居家電話打緊急救難號碼。美國撥 911，臺灣撥 119。

◆ **Stay outside. Do not go back in the house for anything.**
在外面等候，不要回去屋內。

以上資料截錄於 US Fire Administration 的 Let's Have Fun With Fire Safety

閱讀後———**看完故事聊生活**

近年來，氣候變遷造成的環境問題日趨嚴重，為了讓孩子了解這方面的資訊，曾帶他們去臺北市氣象局參觀，透過導覽活動，讓孩子能對於所居住的地球有更多的認識。導覽內容包含氣象局簡介、氣象預報、地震預測等。大家可以針對所居住的區域，看有沒有相關的場所，帶孩子去參觀喔！

推薦參訪點

交通部中央氣象局
◎ 臺北市中正區公園路 64 號

交通部南區氣象局
◎ 臺南市中西區公園路 21 號

交通部中央氣象局

臺北 101 觀景台
◎ 臺北市信義區信義路五段 7 號

有機會去臺北 101 時，千萬別錯過觀賞這個世界最大風阻尼器（wind damper）喔！它直徑達 5.5 公尺，總重量約 660 公噸，從 92 樓懸吊到 87 樓，是臺北 101 大樓防風抗震重要的結構之一。

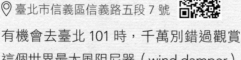

與孩子共讀這本書後，我們可以跟孩子聊聊：

1. 哪些天災是可以做事先預防，以避免重大的傷害呢？
2. 臺灣通常幾月會有颱風呢？颱風來臨前，要做哪些預防措施呢？
3. 當發生地震時，我們要怎麼保護自己呢？有哪些事情可以事先準備好，當地震發生時，能減少損害呢？
4. 有哪些災害是屬於天災，又有哪些災害是人為災害呢？

Daphne 的共讀筆記

與孩子一起共讀跨學科領域的書籍時，可能會看到不同專業的用字。當遇到這些字詞時，我們可以陪孩子一起上網找尋相關資訊，一同共學，而每次共讀的篇幅不須過多過長，讓閱讀成為每日的習慣，而不是另一種學習壓力喔！

更多的防災教育書

Kai to the Rescue!

Ⓧ Audrey Penn　　🖼 Mike Yamada

Kai 是一輛小型的白綠色消防車，它剛被派遣島 10 號消防隊服務。在 10 號消防隊中有不少耀眼的大型消防車。Kai 在這樣的新環境中能適應嗎？它能被其他消防車接納嗎？看看 Kai 如何運用自己與他人不同的優勢，在危難的救火行動中，小兵立大功，成功解除危機。

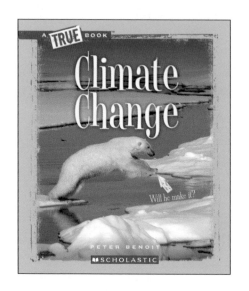

Climate Change

文 圖 Peter Benoit

地球溫度日益升高，溫度的改變會帶給地球什麼樣的浩劫呢？到底有哪些因素會造成氣候的改變呢？溫室效應指的是什麼呢？根據研究顯示，暖化現象會造成颶風或乾旱現象更加嚴重，這些問題將帶給整個生態系統嚴重的損害。氣溫升高，伴隨著海平面上升，人類將要如何面對這一連串的生態問題呢？

陪孩子一起認識生活中的重要議題，從中學習尊重大自然，在生活中養成節能減碳的習慣，愛惜地球資源，就是保護自己及世世代代的生物呀！

閱讀新視野

認識逃生體驗營和防災科學教育館

在孩子成長過程中，參加大大小小的組團活動，各大機構為了讓孩子有不同的學習體驗，精心規劃了許多活動，讓孩子能從活動中學習新知。以防災教育來說，在臺北地區就有活動可參加，如：捷運逃生體驗營和臺北市消防局的防災科學教育館。

北投會館捷運逃生體驗營

📍 臺北市北投區大業路 527 巷 88 號

位於臺北市北投區的逃生體驗營是許多教育機構在規劃戶外教學時，幾乎都會納入的參訪行程。在這裡有幾個重點學習項目：

❶ **認識捷運**——在擬真的捷運車廂中，可以當一日司機喔！在操控模擬區，可以親手操作面板，體驗駕駛捷運的感受。展區有放置文湖線捷運系統的特殊膠輪、緊急對講機等用具，讓參觀者近距離認識臺北捷運。

❷ **防災知識**——想體驗看看英勇的消防員，如何進入火場，拿著消防器鋪面火嗎？在這裡，透過擬真的現場模擬，引導學習如何正確使用滅火器來完成撲滅火的任務喔！

❸ **逃生體驗**——如果在搭乘捷運時，遇到故障要如何處理呢？還有，你知道在月台或列車上，有哪些是平常不能碰的東西嗎，像是緊急對講機、緊急停車按鈕、緊急開門旋鈕和車廂內緊急通話器等。在這個體驗活動，都能透過導覽認識它們喔！不僅如此，在濃煙體驗室中，你將能感受到濃煙密布的真實恐懼，要如何從伸手不見五指的濃煙中，找到出口全身而退呢？

臺北市消防局防災科學教育館

📍 臺北市內湖區成功路二段 376 號

館內共有五層樓開放參觀。一樓展示區以 3D 立體彩繪模擬災害現場，讓參觀者身臨其境，以提醒建立防災觀念。此外，也有遊戲互動學習區和防災教

室，了解正確的逃生方法，在火災現場中求得一線生機。

二樓展示區包含鐵窗示範區和颱風應變學習區。在這裡將學習到不當的鐵窗設置，將會造成逃生的哪些問題。在颱風應變區，能學習到颱風來臨前，要做哪些事情能減少災害的發生。

三樓展示區有針對看見危險的主題做介紹，如看見居家火災危險、延長線的使用、電器火災及瓦斯漏氣該如何處理等。在數位互動體驗中，認識火災成因，透過了解學習預防，才能減低災害。

四樓展示區有 3D 立體災害場警，模擬廚房火災的狀況。

十樓的多媒體教室，以影片播放的方式，了解災害的可怕。展示區內有典藏豐富的消防器材及衣著，見證臺灣的消防歷史。

防患未然，認識災害的形成因素，學習正確的防災概念，才能讓自己及家人遠離危險。

防災教育
延伸閱讀書單

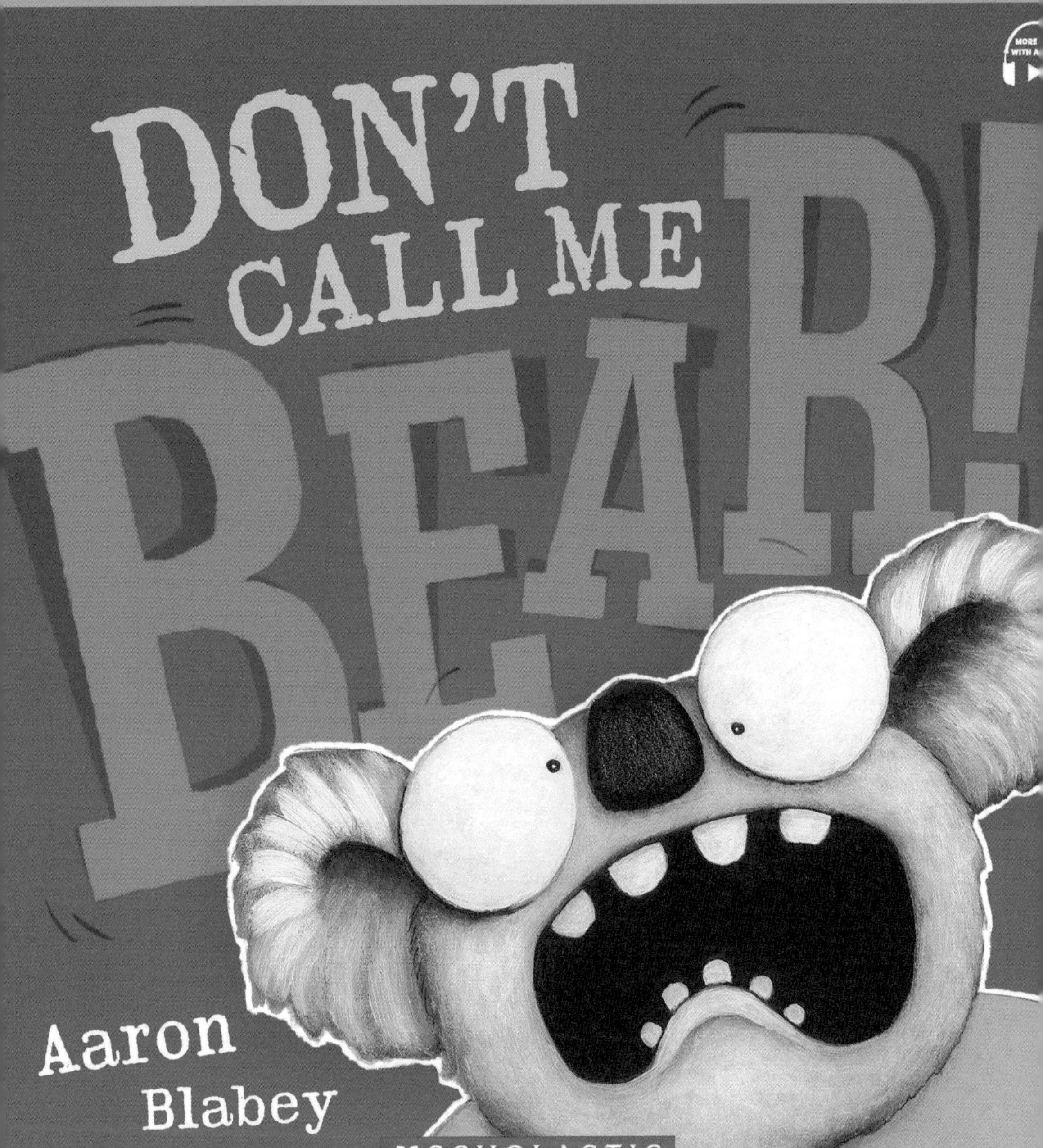
DON'T CALL ME BEAR!
Aaron Blabey
SCHOLASTIC

16 原住民族教育

Don't Call Me BEAR!

文 圖 Aaron Blabey
出版社：SCHOLASTIC

閱讀技巧｜ 5W1H
語言目標｜ 認識澳洲常見動物名稱及常見招呼用語
議題目標｜ 認識及欣賞各地原住民族的特色

作者透過無尾熊似熊非熊的事實論點，引導讀者認識澳洲常見的
「有袋類動物」名稱，並透過插圖讓讀者認識澳洲原住民的信仰
聖地——烏魯魯巨石（Uluru）^{（註）}。

註：又稱艾爾斯岩（Ayers Rock），位於澳洲北領地（Northern Territory）南部的巨
　　型砂岩層。烏魯魯是澳洲原住民阿南古人（Anangu）的信仰核心，為聯合國世界
　　自然與文化遺產，有「地球的肚臍」之稱。

一隻名叫 Warren 的無尾熊，用標準澳洲招呼語 G'day!（Good day）先跟大家打招呼，因為牠要跟大家澄清一件重要的事情，那就是⋯⋯牠雖然毛茸茸的，但是牠真不是 bear，牠就是有袋類動物——無尾熊！

會被人誤會成熊，是那些所謂的探險家沒事先做功課，把牠給亂亂認。每隻動物都有自己的名稱，牠不能忍受大家對牠無區別的亂叫；就像鴨嘴獸就算有張很像鴨子的嘴，牠仍然不會是隻鴨子呀！

常見的澳洲有袋類動物

熊會出現在加拿大、北極圈或美國等地，但肯定不會出現在澳洲，因為澳洲只有動物園裡面有熊。如果在澳洲每叫牠一次熊，牠能獲得一元，那牠會成為澳洲的百萬富翁好嗎？

無尾熊後方的大岩石是世界遺產之一的 Uluru 烏魯魯

就這樣，Warren 試圖讓大家了解，牠就是隻 koala，跟 bear 一點關係都沒有。但是，大家會怎麼看待這個論點呢？快一起來閱讀這本有趣的繪本吧！

由於形成烏魯魯的砂岩含有較多鐵粉，氧化後的鐵粉使得整體外觀呈現橘紅色。原住民在距今 1 萬年之前已經開始在烏魯魯一帶居住，在山區沿壁可發現原住民所留下的壁畫遺跡，其中歷史最久的距今已超過 1000 年。

2007 年參加 Kuniya Piti-Mutitjulu Waterholer 登山健走行程所拍下的壁畫，如今澳洲政府為保護原住民環境，已不開放登山活動

閱讀活動 3 步驟

Step 1

閱讀前——**認識單字**

無尾熊 Warren 為了解釋自己不是熊，特別列舉五種澳洲有袋類動物（marsupials）證明自己是牠們的同類。一起來認識這些超萌的澳洲動物吧。

bilby
兔耳袋狸

wallaby
沙袋鼠

koala
無尾熊

wombat
袋熊

Australian Marsupials
澳洲有袋動物

kangaroo
袋鼠

Tasmania Devil
袋獾

possum
負鼠

quokka
短尾矮袋鼠

字彙加油站

pioneer 先鋒	**common** 常見的	**millionaire** 百萬富翁
except 除……之外	**region** 區域	**stream** 溪流
grizzly bloke 大灰熊	**bloke** 大塊頭	**bushwalker** 叢林健行者
chook 小雞	**even though** 雖然	**entire** 全部的
shoosh 噓聲	**I've had a gutful.** 我聽夠了；我受夠了。	

閱讀時——用 5W1H 學閱讀

Who Warren（koala）
角色： Warren（無尾熊）

Where Australia
地點： 澳洲

What Warren doesn't like to be called "bear".
事件： Warren 不喜歡被人叫「熊」。

How Warren feels gutful!
感受： Warren 覺得受夠了！

Why Why are koalas miscalled bears?
原因： 為什麼無尾熊被誤叫成熊呢？

❶ They are furry.
他們毛茸茸的。

❷ Captain Cook called them bears when he saw them at the first sight.
庫克船長首次看到無尾熊時，稱牠們為成熊。

Why Why are koalas not bears?
原因： 為何無尾熊不是熊？

❶ Koalas are marsupials.
無尾熊是有袋類動物。

❷ Australia doesn't have bears except some at the zoo.
澳洲沒有熊類動物，除了動物園裡。

大補帖 獨特的澳洲俚語

澳洲由於殖民歷史，大部分使用英式英語字彙，如：chips（薯條）、football（足球）等。澳洲也發展出獨特的俚語（Aussie slang），如繪本中的 G'day!（你好）。一起來學習道地的澳洲俚語。

barbie ≠ 芭比娃娃

barbecue（烤肉）的簡稱。1984 年澳洲觀光影片台詞 "shrimp on barbie"（芭比上的蝦；烤蝦）在美國爆紅。但澳洲人其實不喜歡這個老梗，澳洲的「蝦」使用英式英語 "prawn"，通常不烤蝦。

1st floor 在澳洲是二樓？

在澳洲、英國與歐洲，建築的第一層為 ground floor（地面樓層），first floor 由建築的第二層樓算起。然而美式英語中，first floor 即為地面樓層。

arvo 下午

afternoon 簡稱。this afternoon（今天下午）還可以再縮成 s'arvo。
例 What are you up to s'arvo? 你今天下午要做什麼？

avo 酪梨

avocado 簡稱。澳洲是「酪梨吐司」的發源地，將酪梨搗碎抹上吐司，加上水波蛋（poach egg）。圖中的黑色抹醬 Vegemite（維吉麥）由釀酒酵母殘渣製成，味道極鹹，微有苦味，富含維生素 B 群。

brekkie 早餐

breakfast 簡稱。澳洲的傳統早餐類似英式早餐，包含：吐司、培根、香腸、煎蛋、豆子等。

thongs 澳洲人都穿丁字褲去海邊？
在英式、美式英語中 thong 是「丁字褲」的意思。
但在澳洲 thongs 複數是「夾角拖」，等同英美語中
的 flip flops。

Macca's 澳洲「麥噹噹」
澳洲的英文好多簡稱。全球連鎖速食店麥當勞
McDonald's 在澳洲也有獨特的稱呼 Macca's，而且
連招牌都縮寫了！

Step 3

閱讀後——**看完故事聊生活**

Don't Call Me BEAR! 是一本適合大小孩童共讀的趣味繪本。
與幼童共讀時，家長可以單純跟孩子探討澳洲常見的動物種類
及名稱；善用網路影音資源，找關鍵字 Australian animals for
kids，可以看到許多澳洲動物的唸讀影片，有些還搭配各動物
的對應叫聲呢！與大兒童共讀，則可以延伸討論澳洲動物的習
性、澳洲原住民文化，如 Uluru 對當地原住民的重要性、原住
民特色樂器 didgeridoo（迪吉里杜管[註1]）等。

與孩子共讀這本書後，我們可以跟孩子聊聊：

1. 最喜歡澳洲的哪種動物？
2. 澳洲有袋類動物的特徵是什麼？
3. koala 和 kangaroo 的趣味含意是什麼？[註2]
4. aboriginal 的意思是什麼？澳洲原住民族的特色是什麼？
5. Uluru 出現在繪本中的哪一頁？對澳洲原住民族有什麼重要意義？

註1：Didgeridoo 是澳洲原住民的傳統吹奏樂器，將尤加利樹枝挖成中空，外層加上雕刻
　　　與彩繪。在正式慶典或重大儀式，婦女不被允許吹奏此樂器。

註2：Koala 一詞是來自澳洲原住民語，表示 "no water"（不喝水的動物）。無尾熊從尤
　　　加利葉中獲得身體內所需要的水分，所以很少喝水。

　　　Kangaroo 據說是庫克船長登陸澳洲時，看到袋鼠長相特殊，問當地原住民此動物的
　　　名稱，但原住民聽不懂問題，回他 kangaroo，原住民語「聽不懂；不知道」的意思。

Daphne 的共讀筆記

「原住民」這詞是來自外來者對當地人的稱謂，原指當地居民，在《韋氏字典》定義為「某一群體的人團結於一個共同的文化、傳統意義上的血緣關係，他們通常有著共同的語言、社會機構和信條，而且往往構成了一個不受支配的有組織團體。」各國現在對其原住民族的文化都有關注並開始保護其特色文化及傳統。

以書中插圖的 Uluru 來說，即澳洲當地原住民「阿南古人」所視為神聖不可侵犯的淨土，而在這塊神秘的巨石中，有著許多聖靈及原住民傳承的傳奇故事。每個國家的原住民，都具有其特殊的民族色彩，因此隨著各國對於原住民文化的重視下，聯合國在 2007 年 9 月 13 日，通過有關原住民族權利的決議稱為《聯合國原住民族權利宣言》（United Nations Declaration on the Rights of Indigenous Peoples, UNDRIP），我們可以從小培養孩子對於不同文化的尊重，養成孩子欣賞各種民族的重要。

澳洲原住民吹奏傳統樂器 didgeridoo

The First Journey
文 圖 Phung Nguyen Quang & Huynh Kim Lien

越南男孩 An 揹著書包，看著已經進入氾濫期湄公河水^{（註）}，拿起船槳，划著舢舨展開他人生的第一趟旅程。沿途面臨許多驚險的過程，被風浪捲起、在樹林間迷路或不時出現可怕的鱷魚或河中怪物等。他努力不懈的往前划，直到望見前方明亮天空中的美麗光芒、並看到熟悉的水牛群，他知道即將抵達目的地，憑著自己的勇氣，踏上第一天的上學之路。

Janggan the Dragon Kite
文 Shoba Dewey Chugani 圖 Eugenia Gina

每年 7-9 月，在印尼峇里島舉辦風箏節。風箏節是對一年的豐收表示感謝，並祈求上天持續帶來富足安康的生活。故事中的小男孩 Wira 跟他的父親共同製作風箏，想要獲得今年的冠軍，他們已經蟬聯兩年的冠軍了。父親告訴他，風箏競賽不只是為了獲勝，更重要的是表達對於上天的感恩之意。透過 *Janggan the Dragon Kite* 的故事，帶領孩子一起認識峇厘島的節慶風俗及飲食文化。

註：湄公河三角洲地區的原住民們，每年 8-10 月都會歷經湄公河氾濫河水暴漲的問題。儘管氾濫期被視為祝福之意，但每年仍有數百人因此喪命，包含要划舢舨上學的孩子們。此繪本便將越南當地某些住民生活日常呈現出來。

閱讀新視野
認識及欣賞臺灣原住民族文化

「臺灣原住民族」是指在 17 世紀漢族移入臺灣前，已定居在此的族群，早期西方國家稱之為「福爾摩沙人」。根據《原住民身份法》，目前臺灣僅有 16 個民族，57 萬多原住民，佔臺灣總人口 2.4% 左右（2021 年 1 月）。此 16 個民族為阿美族、排灣族、泰雅族、布農族、卑南族、魯凱族、賽夏族、鄒族、達悟族、邵族、噶瑪蘭族、太魯閣族、撒奇萊雅族、賽德克族、拉阿魯哇族及卡那卡那富族。

家長可以透過臺灣各地的資源，與孩子一起認識臺灣原住民族的特色文化及風俗。以下為推薦拜訪的原住民景點：

順益臺灣原住民博物館

📍 臺北市士林區至善路二段 282 號

「順益臺灣原住民博物館」是一間以臺灣原住民文物及歷史為主題陳設的私人博物館。全館共有四個樓層，常設展有「人與自然環境」、「生活與器具」、「衣飾與文化」及「信仰與祭儀」。步行至鄰近「原住民文化主題公園」，園內有各族的人像、石碑及圖騰，周圍環繞著落羽松及水生植物。最後順道拜訪「故宮博物院」，就是一個充實滿滿收穫。

中央研究院民族學博物館

📍 臺北市南港區研究院路二段 128 號

「中央研究院民族學研究所博物館」位於中央研究院院區內，館內館藏包含臺灣原住民及中國大陸少數民族等相關研究蒐藏。館內設有 4 個常設展及一個專題特展室。附近有胡適紀念館、歷史文物陳列館、嶺南美術館等豐富文化活動，可就近安排做一日文化之旅喔！

烏來泰雅民族博物館

📍 新北市烏來區烏來里烏來街 12 號

「烏來泰雅民族博物館」位於新北勢烏來區老街上，是為臺灣原住民泰雅族

設立的博物館。全館共四層樓，展示泰雅族的歷史文化、慶典習俗及生活環境等。大家去烏來不僅可以逛老街、泡溫泉及吃泰雅美食，還能好好認識一下當地原住民泰雅族喔！

凱達格蘭文化館

◎ 臺北市北投區中山路 3-1 號

位於北投圖書館對面的「凱達格蘭文化館」共有10 層樓，1-3 樓主要展出原住民文物和平埔族的重要珍藏。有機會去北投區時，可以規劃輕鬆的文藝之旅，先到「凱達格蘭文化館」了解一下平埔族後，再去北投綠能圖書館認識這個以環保設計的特色圖書館，接著品嘗周遭的美食，最後泡個溫泉囉！

臺灣史前文化博物館

◎ 臺東縣臺東市豐田里博物館路 1 號

「國立臺灣史前文化博物館」是國內第一座以史前和原住民文化為主題的博物館，也是第一座包含博物館、考古遺址和自然生態公園的博物館。館內共有三大主題展示，〈臺灣自然史〉呈現臺灣從誕生至今的地質與生態變化、〈臺灣史前史〉解說當時島上各地發展出的獨特文化，及〈臺灣南島民族〉介紹臺灣南島民族的多元文化。

原住民教育
延伸閱讀書單

1. *Buffalo Bird Girl: A Hidatsa Stor* — 文 圖 S. D. Nelson
2. *Fry Bread: A Native American Family Story* — 文 Kevin Noble Maillard 圖 Juana Martinez-Neal
3. *How the Stars Fell into the Sky: A Navajo Legend* — 文 Jerrie Oughton 圖 Lisa Desimini
4. *Mama, Do You Love Me?* — 文 Barbara M. Joosse 圖 Barbara Lavallee
5. *My Heart Fills With Happiness* — 文 Monique Gray Smith 圖 Julie Flett
6. *Saving Granddaddy's Stories: Ray Hicks, the Voice of Appalachia* — 文 Shannon Hitchcock 圖 Sophie Page
7. *The Girl Who Loved Wild Horses* — 文 圖 Paul Goble
8. *We Are Water Protectors* — 文 Carole Lindstrom 圖 Michaela Goade

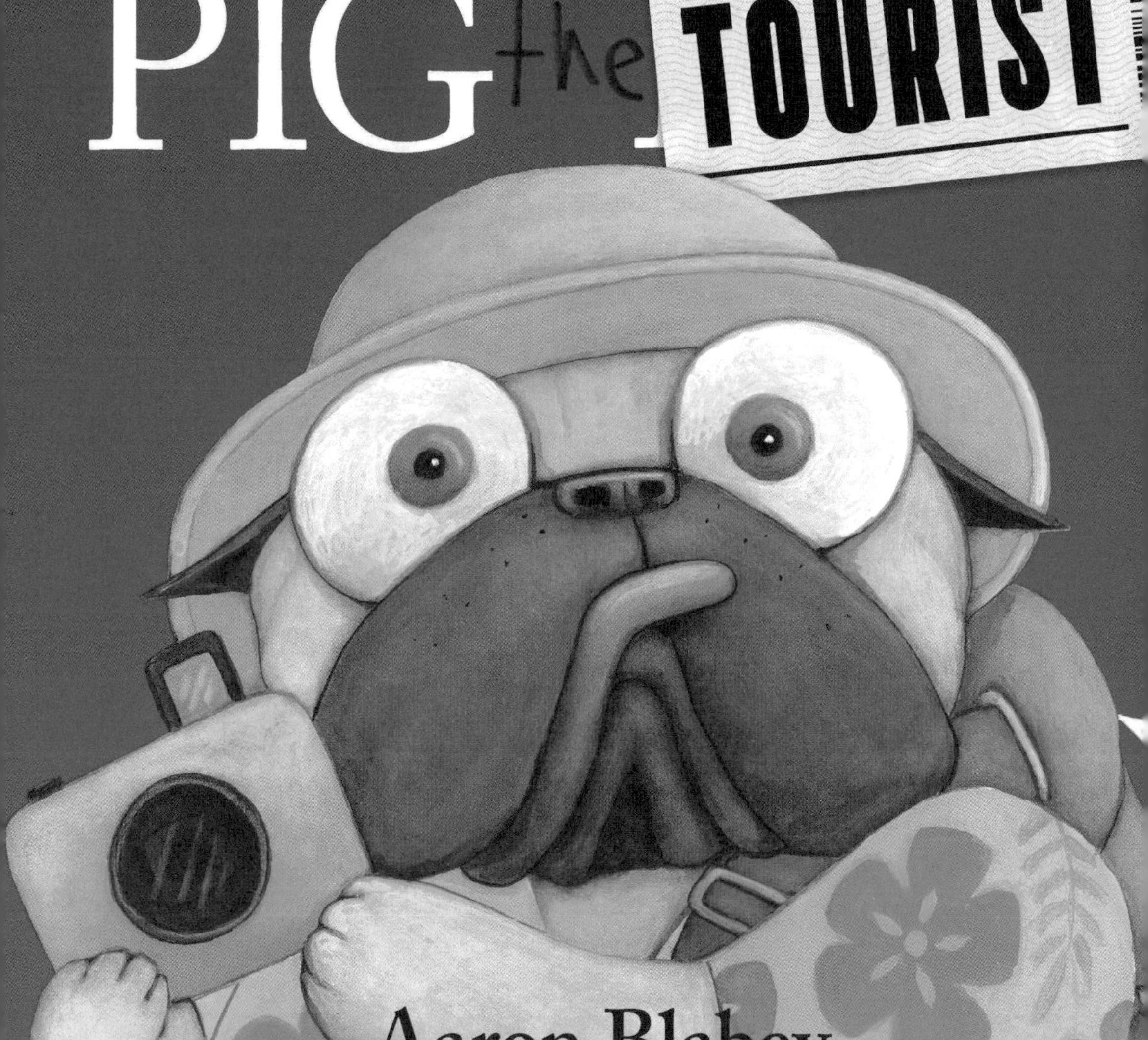
PIG the TOURIST
Aaron Blabey
SCHOLASTIC

17 Pig the Tourist

多元文化
教育

文 圖 Aaron Blabey
出版社：SCHOLASTIC

閱讀技巧｜ Story Map
語言目標｜ 認識有關旅遊的字彙及認識各國名稱及不同
文化與特色
議題目標｜ 尊重不同文化及習俗，遵守旅遊注意事項

出國旅遊是件開心的事情，唯獨 Pig the Pug 總會做出令人難以
置信的荒唐失禮行為。讓我們從 Pig the Pug 的錯誤中，認識世
界各地豐富的多元文化，觀察彼此的相似與相異處，學習尊重、
同理及包容，做個有禮貌的世界公民。

打開故事的一開始，先看到一本被塗鴉的護照，原來是臘腸狗 Trevor 的護照，被牠的損友，一隻名叫 Pig 的巴哥犬給亂畫了。當你仔細的規劃一趟行程，Pig the Pug 卻總是能發揮牠的極致，將整個快樂的行程給摧毀掉。

逗趣的插圖，吸引孩子閱讀的目光。

只要朋友與 Pig 一起旅行，無論到世界的任何地方，牠總能輕易地將氛圍給破壞掉，甚至不遵守當地的習俗而造成難堪失禮的場面。

帶牠去加勒比海，參加嘉年華慶典活動，牠總能設法搗蛋搞破壞。當牠們抵達埃及時，竟然還撞壞了古老神聖的人面獅身像。明知不可為的禁忌，牠卻一而再，再而三地挑戰這些限制，著實令人頭痛呀！

Even in places
of wild celebration,
he'd somehow create
absolute devastation.

And if he could shatter
some ancient taboo—
he wouldn't think twice,
that appalling yahoo.

世界各地有著不同的禁忌及風俗文化

不懂禮貌及尊重他人文化的 Pig，惹毛當地人，讓大家都不開心。牠的惡劣行為甚至上了當地新聞，牠卻不以為意。直到有次牠到亞馬遜雨林，因為不遵守當地警告及規定，終於得到教訓，讓牠明白尊重當地文化及習俗是很重要的基本國際禮儀及態度。

閱讀活動 3 步驟

Step 1

閱讀前——**認識單字**

這本故事中，出現不少具負面性的用詞，都是用來形容 Pig the Pug 的不良行為所造成的影響，這類型的字詞較少出現在學校教材中，因此孩子可能比較少接觸到這些單字，透過這樣趣味的繪本故事，可學習到豐富有趣且多元的字彙運用。

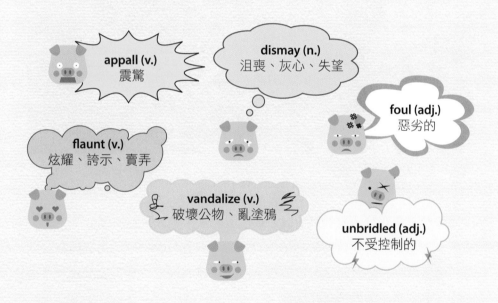

appall (v.)
震驚

dismay (n.)
沮喪、灰心、失望

foul (adj.)
惡劣的

flaunt (v.)
炫耀、誇示、賣弄

vandalize (v.)
破壞公物、亂塗鴉

unbridled (adj.)
不受控制的

字彙加油站

international 國際的	**passport** 護照	**breed** 品種	**signature** 簽名
tourist 旅客	**vacation** 假期	**ensure** 確保	**baggage** 行李
behaviour 行為	**describe** 描述	**vibe** 氛圍	**tradition** 傳統
ambition 志向	**celebration** 慶祝會	**create** 創造	**absolute** 絕對
ancient 古老的	**parade** 遊行	**procession** 隊伍	**blizzard** 繁亂的
insensitive 無感的	**antics** 古怪舉動	**piranha** 食人魚	**although** 雖然

用英文繪本讀出孩子的素養力

Step 2

閱讀時——用 Story Map 學閱讀

AIR MAIL

Who：Pig the Pug, the owner, Trevor
角色：巴戈犬「豬豬」、主人、Trevor

Where：airport, the North Pole, Japan, Caribbean carnival, Egypt, China,
Australia, Africa, France, Italy, the United Kingdom and so on.
地點：機場、北極、日本、加勒比海嘉年華、埃及、中國、澳洲、非洲、法國、義大利、英國等。

Problem 問題：

❶ Pig the Pug（It）pees on a polar bear.
　巴哥犬「豬豬」尿尿在北極熊身上。

❷ It disrupts a Japanese geisha's lunch.
　牠干擾了日本藝妓的午餐。

❸ It angers some Caribbean carnival dancers.
　牠惹怒了加勒比海嘉年華的舞者們。

❹ It breaks the head off the Sphinx in Egypt.
　牠弄壞了埃及人面獅身像的頭

❺ It causes chaos during the Chinese New Year Parade.
　牠導致了中國新年遊行的混亂。

❻ It makes fun of the locals.
　牠取笑當地人。

❼ It breaks Leonardo da Vinci's masterpiece.
　牠弄壞了達文西的作品。

❽ It ruins the Tower of Pisa.
　牠毀掉了比薩斜塔。

❾ It disturbs the queen's tea.
　牠干擾了英國女王的午茶時光。

❿ It doesn't follow the rules and swims in the river.
　牠沒遵守規則，並在河流裡游泳。

Outcome：Bitten by the piranhas, Pig the Pug finally learns the lesson.
結果：巴哥犬「豬豬」因為被食人魚咬了，終於學到了教訓。

airport
機場

domestic
國內的

international
國際的

terminal
航廈

passport
護照

boarding pass
登機證

check in
報到

checked baggage
托運行李

carry on
隨身行李

overweight
超重

security check
安全檢查

customs
海關

boarding
登機

aisle seat
走道座位

window seat
靠窗座位

emergency exit
緊急出口

departure
出境

arrival
入境

transfer
轉機

delay
誤點

cabin crew
機組人員

first class
頭等艙

business class
商務艙

economy class
經濟艙

用英文繪本讀出孩子的素養力

閱讀後———**看完故事聊生活**

每個國家都有各自的風俗文化,所謂入境隨俗,了解各地的文化、尊重當地的規範禮儀,是身為 21 世紀每個人應有的態度。就以臺灣來說,基本上常見的文化系統就涵蓋了客家文化、閩南文化、原住民族文化、大陸系文化及東南亞新住民文化等。

不同的文化系統下就會有其特有的風俗、傳承及飲食習慣等。從小引導孩子學習欣賞或了解多元文化的重要性,除了拓展寬闊的視野外,更重要的是能因明白其不同性而學習理解,不會因無知而造成誤會或批判。

與孩子共讀這本書後,我們可以跟孩子聊聊:

1. 在機場有哪些事情是不可以做的呢?
2. 出國旅遊前,哪些行前準備可以讓旅行更成功、順利呢?
3. Pig the Pug 旅行中,做了哪些不應該的事情呢?
4. 如果外國人來臺灣坐捷運,卻不遵守規定,在車上飲食,你作何感想呢?
5. 臺灣各地有哪些特別的風俗文化呢?

與孩子一同紀錄寫下閱讀收穫

Daphne 的共讀筆記

多元文化教育

根據《教育大辭書》中，「多元文化教育」（multicultural education）一詞的定義為「確認、接受和肯定人類關於性別、種族、殘障、階級和性別偏見之差異和相似性的教育實踐」。其核心宗旨為透過教育跨越多元族群的文化隔閡，進而保障所有人類的平等機會及促進社會正義。

因此，陪著孩子用開闊的心胸、尊重的態度看待與自己不同的差異性，試著去了解生活中的多元性是重要的學習課題。只用自己的角度偏頗評斷事物，往往會讓自己淪為井底之蛙。

各種多元的文化代表著各地不同的生活故事，當我們沒辦法踏遍世界各地時，就透過閱讀與孩子一起閱遊全世界吧！

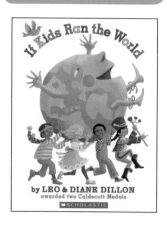

If Kids Ran the World
文 圖 Leo & Diane Dillon

如果由小孩來管理這個世界，會有什麼樣的可能呢？來自世界各地的孩子，不同種族、膚色、信仰的孩子們，努力蓋出屬於他們歡樂的樹屋。任何想來樹屋的孩子們，都備受歡迎喔！這孩子統治的國度中，大家都能歡喜過生活，有充沛的食糧、妥善的醫療、開心無霸凌的遊戲時光、快樂的學堂等。想看看由孩子們規劃的美好世界嗎？快來一起共讀這本溫馨的故事喔！

All Because You Matter
文 Tami Charles 圖 Bryan Collier

任何人，無論膚色、種族，來到這世界上都有其重要性及意義，從小生命呱呱墜地那刻、舉足往前踏，所有的開始都是美好且值得被珍惜的。也許有時候你會質疑自我價值，但請記住每個人都有其存在的意義，都值得被愛。整本繪本以詩韻的方式呈現，在唸讀中以不同層次的文字敘述表達出對於生命的重視及關愛。

閱讀新視野
認識臺灣新住民及其飲食文化

新住民是指在 1990 年代後從國外來到臺灣結婚或移民定居，並取得中華民國國籍的人。在我們生活周遭其實有來自不同國家的新住民，有時參加學校的班親會，也會與新住民媽媽討論孩子們的學習狀況。孩子在家也會提起課堂中，國情文化而產生的有趣互動。

在臺灣，東南亞美食相當常見，是新住民帶來的道地家鄉味。透過味蕾細心品嚐，讓我們一起認識東南亞各國多元的飲食文化。

泰國

是全球最受歡迎的亞洲料理菜之一。使用蝦醬、魚露、椰奶、薑黃、檸檬汁、香茅、辣椒及新鮮香料調味，通常以鹹、酸、辣為主，有時帶一點甜。常見料理有泰式咖哩、打拋肉、青木瓜沙拉，及泰式炒粿條等。

泰式酸辣湯（tom yam）

越南

越南菜餚因受到中國南方移民和法國殖民者的影響，所以有些菜色帶有異國風味，如：越式法國麵包（bánh mì）。河粉（pho）則是頗受歡迎的道地美食，湯頭是由肉及香料長時間燉煮而成，食用前加入豆芽或辣椒等香料搭配。其他特色小吃還有春捲、越南咖啡等。

越式生牛肉河粉

此外，在越南夜市皆可看到鴨仔蛋（註）這項當地小吃，富含營養蛋白質，在當地視為女子生產後的絕佳補品。鴨仔蛋在其他東南亞國家也很常見。

註：鴨仔蛋是將孵了 15 至 18 天，快孵化成雛鴨的鴨蛋用開水煮熟，敲開蛋殼，加入鹽等調味，以小匙羹挖來吃。

柬埔寨

傳統稱為高棉料理（Khmer cuisine），最具代表料理——阿莫克咖哩（amok），高棉語為「香蕉葉包裹蒸熟」之意，椰漿混合香料，用香蕉葉包裹魚或雞肉蒸熟。蒸魚阿莫克（fish amok）是皇室宴客佳餚，其歷史可追溯至高棉帝國時期（802～1431），質地綿密細嫩的鮮魚慕斯，佐以椰汁和 kroeung 醬。Kroeung 為高棉咖哩醬，由香茅、薑黃等香料製成。

蒸魚阿莫克是柬埔寨皇室料理

印尼

大多數的印尼人信奉伊斯蘭教不吃豬肉，主食以米飯為主，用餐時常搭配辣椒醬及魚餅一起食用。2018 年印尼旅遊部長宣布五道官方認定的印尼國菜：仁當乾咖哩（rendang，又譯巴東牛肉）、印尼炒飯（nasi goreng）、印尼雞湯（soto ayam）、沙嗲（sate）、和印尼沙拉（gado-gado）。

仁當乾咖哩（巴東牛肉）2017 年被 CNN 評選為「Top 50 世界上最好吃的美食」第一名

多元文化
教育
延伸閱讀書單

Dear Abuelo

by GRECIA HUESCA DOMINGUEZ

illustrated by TERESA MARTINEZ

REYCRAFT
BOOKS

Dear Abuelo

18
國際教育

文 Grecia Huesca Dominguez　圖 Teresa Martinez
出版社：REYCRAFT

閱讀技巧｜Story Map
語言目標｜表達感受
議題目標｜學習同理心、拓展國際視野

作者透過小女孩與遠在墨西哥的爺爺通信方式來呈現本書，用孩子的童言童語表達移民到新國度的期待卻又不安的感受。

從小就跟爺爺住在墨西哥的小女孩 Juana 要搬到紐約了！她向爺爺 Abuelo^(註)保證，一定會跟他報告在紐約生活的點滴。

帶著一絲絲的不安，Juana 坐在飛機上，一邊看著墨西哥家鄉的故土，等待踏上未知的新世界──紐約。

書中可以看到代表墨西哥的插圖，如白牆及仙人掌等

Juana 幾乎把遇到的每一件事情，都寫下來與爺爺分享，像是新家的社區環境、第一天上學搭公車的心情。

剛上車的 Juana 內心驚慌，感受到車上的氣氛灰矇矇的

註：abuelo 是西班牙文「祖父」的意思、abuela 是「祖母」。

Juana 身處在陌生的國度，內心既擔憂又害怕。Juana 嘗試用英文溝通，但是當人們跟她說話時，她還是感到困惑，不知道該如何回應。

到了學校，老師錯把 Juana 的名字叫成了 Joanna，她感到有些難過，回到家中問媽媽，為什麼要給她取這樣難念的名字。媽媽說，其實是因為媽媽的名字 María 太普遍了，所以決定要給自己的女兒取個特殊又美麗的名字。原來，Juana 這個名字來自於外婆，也叫 Juana。

雖然 Juana 上學的第一天不是那麼順遂，但是她終究還是好好將這一天過完。她在信中對爺爺說，她深信自己能順利度過接下來的日子，也會繼續努力學習英文。

I got through
my first day of school and will get through
my second day, too!
And I will keep learning English.
Love, Juana

Juana 理解到自己的名字如此珍貴

幸運的是，Juana 在學校認識一位可愛又熱心的女同學 Elizabeth，她不僅成為 Juana 的好朋友，還幫她向老師解釋要如何念 Juana 的名字。漸漸地，Juana 習慣了紐約的生活，並立志，以後要寫本英文和西班牙文的書！

閱讀活動 3 步驟

閱讀前——認識單字

Juana 第一天上學時充滿著擔憂。我們可以從 Juana 每一頁的表情動作中，感受到她一天天適應新環境，慢慢能接受新生活的各種驚喜。與孩子共讀時，我會請孩子觀察第 8～9 頁的 Juana 跟車上整體的氣氛。透過色調的差異，感受到 Juana 的 nervous（緊張）、strange（陌生感）、sad（傷心）、scared（感到害怕）。孩子對插圖的敏銳度相當高，即使不用看文字，也能從 Juana 的表情及背景中，感受到負面情緒。

試著跟孩子聊聊第一天上學的感受，可用到的形容詞。

家長 Let's talk about your feelings on your first day of school.
我們來聊聊你第一天上學的感受。

孩童 I was shy on the first day of school.
第一天上學，我很害羞。

promise 承諾	**fluffy** 蓬鬆的	**imagine** 想像	**apartment** 公寓
huge 巨大的	**yard** 庭院	**realize** 意識到	**practice** 練習
special 特別的	**buddy** 好夥伴	**pronounce** 發音	**different** 不同的
confused 感到困惑的	**take attendance** 點名	**librarian** 圖書館員	**Spanish** 西班牙文

Step 2 閱讀時——用 Story Map 學閱讀

Who：Juana, grandpa, Mami, grandma, Elizabeth, teacher
人物：Juana、奶奶、媽媽、爺爺、Elizabeth 和老師

Where：Mexico（grandpa）and New York（Juana）
地點：墨西哥（爺爺所在處）和紐約（Juana 新住所）

What：What happened? **How** does Juana feel?
事件：發生何事？Juana 的感受如何？

Events：❶ Juana said goodbye to her grandpa because she moved to
事件：　　 New York.
　　　　　 Juana 向爺爺道別，因為她搬到紐約住了。

　　　　 ❷ Juana couldn't understand what people were saying.
　　　　　 Juana 聽不懂周邊人們所說的話。

　　　　 ❸ The teacher called out "Joanna" instead of "Juana".
　　　　　 老師把 Juana 叫成了 "Joanna"。

Events： ④ Juana had a new friend, Elizabeth, who could speak English and Spanish. She told the teacher how to pronounce Juana's name right.

事件：　Juana 交了一位新朋友，叫做 Elizabeth。她會說英文和西班牙文。她告訴老師如何正確唸出 Juana 的名字。

⑤ The librarian showed Juana the Spanish books.

圖書館員告訴 Juana 西班牙文的書籍在哪裡。

Outcome： Juana wanted to write a book in English and Spanish someday.

結論：Juana 想要未來寫一本英文和西班牙文的書。

大補帖　交通工具介係詞

繪本中的小女孩搭乘飛機去紐約，搭乘飛機用的介係詞是 on a plane，其他常用的交通工具介係詞整理如下：

✦ **by** ＋交通工具，搭乘交通工具前往

例 by car（搭車）、by taxi（搭計程車）、by plane（搭飛機）

✦ **in** ＋只能「坐」的交通工具，表達位置

例 in a taxi（在計程車上）、in a truck（在貨車上）

✦ **on** ＋可「站」的交通工具，表達位置

例 on a plane（在飛機上）、on a bus（在公車上）

✦ **on foot** 步行；走路前往

閱讀後──**看完故事聊生活**

Step 3

很多孩子看到繪本中的 Juana，可能覺得這樣的情節比較會發生在歐美國家。其實不然，隨著國際化，臺灣的新住民越來越多，一個班上可能就會好幾個不太會講中文的孩子。遺憾的是，校園中不時有孩子會嘲笑或作弄他們。若孩子能在入學前就學習同理心，並引導他們對這些新朋友提供幫助，我相信，這個世界會因為這些小善行而更溫暖。讓我們透過這本故事中的 Juana，幫助孩子建立同理心，讓他們想想身處陌生新環境時的感受，進而學習如何幫助需要的人。

與孩子共讀這本書後，我們可以跟孩子聊聊：

1. 你還記得第一天上學或第一次去到一個新的學習環境時的感覺嗎？
2. 如果你到了一個語言不通的國度，你會有什麼感覺呢？
3. 如果班上有一位不會講中文的孩子，你會如何協助他適應班上的作息呢？
4. 當你看到有同學故意用中文欺負不懂中文的外國同學，你會怎麼做呢？
5. 如果有機會讓你學第二外語，你想學哪一國的語言？為什麼呢？

與孩子一同紀錄寫下閱讀收穫

國際教育

Daphne 的共讀筆記

跟兒子共讀這本書時，我想起
當年他在美國幼兒園上課時的
不安及恐懼。不懂英文的他，
如果遇到問題，要如何跟老師
表達呢？好不容易開始適應當
地學校之後，我們又因為爸爸
工作的關係返臺。這次他面臨

在美國生活時，兒子與同學一起完成課堂活動

的是完全陌生的注音符號。所幸，當時的導師一步一步帶著他；而同班同學
也從聽不懂他滿口英語，到後來會跟他一起玩鬼抓人遊戲，並不時協助他完
成學校的相關活動。

這些在我們身邊給予幫忙的朋友，不就像書中的 Elizabeth 嗎？正因有過這

樣經驗，日後當有新移民朋
友需要幫忙，我和孩子都很
樂意給予協助。當我們伸出
友善的那隻手，適時的陪伴
或給予溫暖，我相信這樣的
善意會給予對方很大的支
持，並讓他們更快且開心的
適應在新國度裡的生活。

孩子與日本朋友同遊，導覽臺灣原生動物

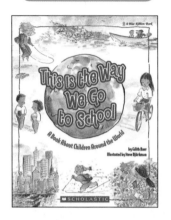

This Is the Way We Go to School

文 Edith Baer　圖 Steve Bjorhman

這是一本跨文化的繪本，作者介紹了五大洲 20 多個城市，孩子上學的方式，如：舊金山的孩子坐纜車、肯亞的孩子坐火車、挪威的孩子划雪上學、中國南京的孩子騎腳踏車上學等等。同樣都要去上學的孩子們，卻因所處地方不同而有各式各樣的上學方式，世界真是大不同呀！

Abuelita's Secret

文 Alma Flor Ada　圖 Jacobo Muñiz

小男孩在上學的第一天覺得很低落，因為他沒有什麼想要跟人家分享的事情。但當他打開書包，不小心散落出來的物品卻喚起他腦海中的記憶，讓他意識到其實他有好多很棒的事情可以跟大家分享……

閱讀新視野

認識墨西哥

我在旅居洛杉磯的那幾年發現，其實，英文並不是最常聽到的語言，西班牙文在餐廳與美國在地生活十分常見，主要是因為來自墨西哥的移民非常多，所以各類的墨西哥餐廳相當多。尤其是去聖地牙哥時，更能感受到充滿墨西哥風情的建築，而當地的 Old Town 更是不可錯過的經典地標景點。

墨西哥建築以白色為基本色調。

墨西哥（Mexico）是世界第十人口大國，首都為墨西哥城，使用西班牙文。墨西哥國花是仙人掌，當地最具特色的顏色就是白色。而墨西哥的美食也是深具特色喔！

我自己超愛的一道開胃點心就是 nachos（玉米片），蘸上番茄莎莎醬（salsa）、酪梨醬（guacamole）。也可加入新鮮蔬菜，上面鋪滿起士、墨西哥辣椒（jalapeño）、肉類等，最後擠上酸奶油（sour cream），完成一道爽口的墨式沙拉。我們熟悉的多力多滋（Doritos) 即 nachos。

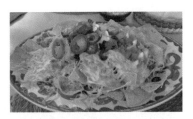

nachos 灑起司、墨西哥辣椒

說到墨西哥，絕對不能不提 taco 墨西哥塔可餅，是墨西哥的代表經典小吃。玉米薄

taco 餐車攤販

片上放入自己喜歡的生菜及肉片，然後輕鬆捲起來就可以吃啦！在美國的大大小小園遊會裡，都會有賣 taco 的攤位，人手一捲，邊吃邊玩。

Burrito 墨西哥捲餅，很像我們的潤餅作法，但內餡主要以豆泥及米粒為主，搭配碎肉及其他生菜。老實説，當我第一次品嚐這個捲餅時，因為滿嘴的鹹豆泥，真的有點不習慣。但是對於營養來說，這道墨西哥捲餅，肯定是滿分啦！

burrito 包有豆泥、米飯、絞肉、酸奶油或酪梨醬等

親子 DIY 自製塔可餅

瞭解這些美味的墨西哥美食後，一起與孩子做一道佳餚吧！

材料：tortilla（玉米薄餅，美式賣場有售）、番茄、洋蔥、碎絞肉、起士絲、酸奶油、香菜、檸檬等喜歡的配料。

步驟：❶ 先微加熱玉米薄餅，也可省略這步驟。

❷ 加入想吃的配料，擠上一點檸檬汁。

❸ 對折後即可享用。

國 際 教 育
延伸閱讀書單

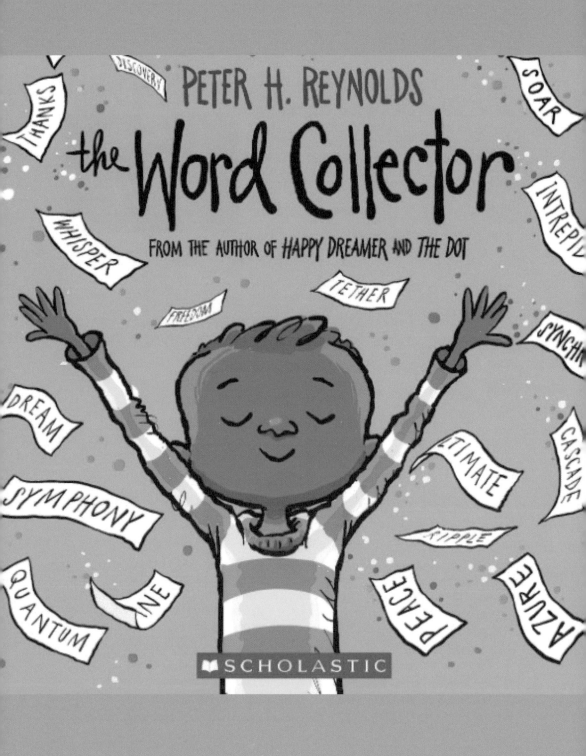

19 The Word Collector

閱讀素養 教育

文 圖 Peter H. Reynolds
出版社：SCHOLASTIC

閱讀技巧｜ Story Structure
語言目標｜ 能夠分類不同的英文字詞類別及應用
議題目標｜ 養成用文本思考、解決問題與建構知識的能
　　　　　　力，培養英文閱讀的興趣

文字到底有什麼魔力呢？為何有些人可以整天窩在書堆裡，一本接著一本看，還欲罷不能呢？閱讀素養的重要性是所有教育學者大力推廣的重點項目之一，除了在學程中培養孩子透過文字來學習思考及解決問題外，更希望培育樂於閱讀的態度，期盼每個孩子都能因閱讀而成為終身學習者。正如 *The Word Collector* 一書中，看到文字在不同的應用下所產生的各種力量。想要善用文字嗎？那就從大量閱讀做起吧！

每個人都有喜歡收集的物品，有人收集郵票、有人收集錢幣、有人收集石頭、有人收集棒球卡……但是，Jerome 喜歡收集的跟大家都不一樣，他喜歡收集「字」。

Jerome 把他看到、聽到和任何能接觸到的字都記錄下來。有甜美溫柔的字、有不同音節的字、不懂含意的字，他收集各式各樣的文字。Jerome 收集的字卡越來越多，多到他決定把這些字都做了分類，放到字詞分類盒裡。

有一天，他扛著這些收集品時，不小心滑了一跤，所有字卡都飛了出來。

正當他撿起地上的字卡時，卻意外發現字的不同組合。於是，他把這些字卡用他從沒想過的方式掛在繩子上思索。他開始用他知道的字來寫詩、創作歌曲；他發現很簡潔的字詞也能給人很大的力量。Jerome 更積極地收集他喜歡的各種字詞，他知道得越多，他就越能夠把所知分享出去，包含他的想法、感受和夢想。

在一個涼爽的午後，Jerome 帶著他滿滿的收集品上山，他帶著微笑把所有的字卡扔到空中，隨風飄逝。

He smiled as he emptied his collection of words into the wind.

他看到村莊裡的孩子快速地撿起這些字卡，Jerome 此時無法用任何言語來形容他內心的喜悅。當文字不再是收集品，而是經由內化後，變成各種美麗的呈現，並能與他人交流，那樣的成就才是文字之所在呀！

閱讀活動 3 步驟

Step 1

閱讀前——**認識單字英文字詞的詞性及用途**

英文字詞中常見八大字詞（Parts of Speech）

Noun 名詞
the name of ——a person, place, thing, or idea
人事物及抽象概念名稱
例 cookie（餅乾）、love（愛）、Taiwan（臺灣）

Pronoun 代名詞
replaces a noun　代替句子中已知的名詞
例 it（它）、they（他們）、we（我們）

Verb 動詞
action or state　表示動作或行動的狀態
例 jump（跳）、cry（哭）、eat（吃）

Adjective 形容詞
describes a noun　用來描述名詞
例 sad（難過的）、short（短矮的）、good（好的）

Adverb 副詞
describes a verb, an adjective, a adverb
用來形容動詞、形容詞、副詞
例 quickly（快速地）、happily（快樂地）、well（好地）

Preposition 介係詞
links a nouns to another word
置於名詞前方，連結其他字，表位置、時間、方向等關係
例 at（在幾點）、under（在下方）、into（進入）

Conjunction 連接詞
joins words, clauses or sentences
連接單字或句子使用
例 and（和）、but（但是）、because（因為）

Interjection 感嘆詞
short exclamation　表示驚嘆等情緒使用
例 oh（哦！）、oops（糟糕！）、wow（哇！）

用英文繪本讀出孩子的素養力

attention 注意力	**syllable** 音節	**marvelous** 極棒的
scrapbook 剪貼簿	**organize** 組織	**slip** 滑倒
jumble 雜亂	**eagerly** 急切的	**scurry** 快步走

Step 2

閱讀時——用 Story Structure 學閱讀

Climax

Jerome slipped and his word collections had become jumbled.

情節高潮

Jerome 滑倒了，他的收集品亂成一團。

Rising Action

Jerome began organizing his collections.

劇情鋪陳

Jerome 開始彙整他的收集品。

Falling Action

Jerome learned how to use words with different conditions..

故事收尾

Jerome 學習如何在不同情況下運用文字。

Exposition

Jerome collected words.

背景說明

Jerome 收集字詞。

Resolution

Jerome emptied his collection of words into the wind, so the children in the valley could have them.

最後結局

Jerome 將他的文字收集撒向風中，讓村裡的孩子們都能共享。

動詞後須加動名詞的整理

在故事中，begin 後面的動詞是用動名詞，除了 begin 外，還有哪些常見動詞的後面是要加動名詞的呢？

admit 承認	avoid 避免	consider 考慮	deny 否認
enjoy 享受	finish 完成	fancy 想要	keep 保持
practice 練習	miss 想念	mind 介意	quit 放棄
suggest 建議	imagine 想像	recommend 推薦	

例 I enjoy playing the piano. 我喜歡彈鋼琴

例 Would you mind turning down the music? 您介意把音樂關小聲嗎？

例 Chris suggested eating out tonight. 克里斯提議今晚吃外食。

Exercise

We can go shopping today.
我們今天可以去逛街。

She suggested ....

I'm too tired to play badminton.
我太累沒辦法打羽球。

He didn't fancy ....

You should try their pizza.
你應該要試試他們的披薩。

She recommended ....

I can call you later if you're busy.
如果你在忙，我晚點打給你。

He didn't mind ....

I didn't pass the test.
我沒通過測驗。

She admitted ....

Solutions: ① going shopping ② playing badminton
③ trying their pizza ④ calling me later
⑤ not passing the test

閱讀後——**看完故事聊生活**

閱讀習慣的養成，不是贏在起跑點就好，而是要長時間的培養，
從年幼時，每次幾分鐘的陪伴，到一起共讀短篇章節書，每個
孩子所需要的時間不同，不需要跟別人比較，只需一步一腳印
的用心去陪伴，享受與孩子共讀時的親子時光，而孩子能從中
獲得的語言能力及知識則是額外的閱讀收穫呀！

從小陪孩子去不同的閱讀環境，養成能靜下來翻書的習慣

與孩子共讀這本書後，我們可以跟孩子聊聊：

1. 最喜歡看哪些書，喜歡的原因是什麼？
2. 哪類型的書是很少看的，為什麼比較少看呢？
3. 最近同學或同伴間，有哪些共同喜歡的書籍嗎？
4. 有看過哪本印象最深刻的書呢？為什麼會特別有感觸呢？
5. 經常閱讀書籍會有哪些好處呢？

Daphne 的共讀筆記

正向的文字語言可以帶來力量，但使用不當更像把利刃，傷人於無形。因此，引導孩子能善用文字語言，成為人生的助力是件很重要的學習課題。就像書中 Jerome 體認到有些語言雖然簡短，就能鼓舞他人，帶給人們溫暖。而語文能力要好，長期閱讀不能少，從小就鼓勵孩子接觸各題材的閱讀內容，豐富孩子的語彙能力，日後必能見其成效。

My Very Favorite Book In the Whole Wide World

文 Malcolm Mitchell　　繪 Michael Robertson

Henley 不喜歡看書，凡是要他看書的時候，他總是能找出各種理由去逃避。沒想到，學校老師竟然出了一個超級無敵難題，老師要每個孩子找一本自己最喜歡的書，並要跟大家分享。Henley 去圖書館和書店，看著琳瑯滿目的各種書籍，卻沒有一本能吸引他的目光。帶著挫敗的心情回家，卻在家中意外找到他年幼時自己創作的一本書，於是，Henley 有了一個想法。隔天，他開心的上學，並分享他所寫的一本新書，到底這本書會有什麼迴響呢？快來看看 Henley 分享的書吧！

Where Do Words Come From?

文 Jeff Zwiers　　繪 Sr. Reny

我們生活周遭充滿的各式各樣的文字，中文源自於象形文字，那英文呢？也許它們是從地上突然跳出來飛到天空中；或許是工廠工人在工廠組合出來的；又或者是來自於專門創字的人所發明的，但那個人會是誰呢？透過這本充滿創意又活潑的繪本，來啟發孩子文字創造的無限想像力吧！

閱讀新視野
善用地區圖書館豐富閱讀視野

我家孩子很小就被帶去大大小小的書局和圖書館，從一開始只能待幾分鐘，到後來能窩一整天，其實這些都是要靠家長慢慢培養出來的。都會區的孩子在這方面的資源比較豐富，各區的圖書館書目都不算少，還可以預約取書，真的很方便。

以大臺北地區來說，不少圖書館開始有獨特的風格，像是以捷運淡水線來說，就有好幾個值得推薦的圖書館，從大安森林公園附近的臺北市總圖開始，滿滿豐富藏書的英文童書區，周末還有英文繪本老師說故事時間等多元活動；看書看累了，還可以到旁邊的大安森林公園奔跑玩樂；而淡水竹圍站附近的竹圍分館，除了有兒童圖書區外，還有玩具區，讓大小孩子都能盡興輕鬆的在圖書館中度過一整天。

竹圍圖書館

在新北投捷運站附近的綠建築圖書館則是除了愛書者必訪的圖書館，更是許多觀光客會專程造訪的觀光景點之一。北投圖書館是臺灣第一個綠建築圖書館，四周環境綠樹成蔭，內有三層樓，從地下一樓到二樓。主體結構是用可回收的建材，並有雨水回收系統，提供廁所用水；電力方面使用太陽能板發

電。如果有機會參加導覽活動，可以透過導覽員的介紹，更了解北投圖書館的環保設計概念喔！

優雅別緻的北投圖書館

太陽能板提供電能

在北投圖書館附近還有凱達格蘭文化館、溫泉博物館和地熱谷等特色景點，如果有機會到訪北投，除了安排溫泉之旅外，藝文之旅也是必訪之選喔！

✦ **臺北市立總圖** —— 臺北市大安區建國南路二段 125 號
✦ **竹圍圖書館** —— 新北市淡水區民生路 27 號
✦ **北投圖書館** —— 臺北市北投區光明路 251 號

閱讀素養教育
延伸閱讀書單

1. *Do Not Open This Book* ⓧ Andy Lee ⓘ Heath McKenzie
2. *It's a Book* ⓧⓘ Lane Smith
3. *Library Lion* ⓧ Michelle Knudson ⓘ Kevin Hawkes
4. *The Book Hog* ⓧⓘ Greg Pizzoli
5. *The Wonderful Book* ⓧⓘ Leonid Gore
6. *This Book Just Ate My Dog!* ⓧⓘ Richard Byrne
7. *We Are in a Book* ⓧⓘ Mo Welliems
8. *Wild About Books* ⓧ Judy Sierra ⓘ Marc Brown

用英文繪本讀出素養力：輕鬆三步驟,漫
談新課綱19大議題/劉怡伶Daphne作.
-- 初版. -- 臺北市：日月文化, 2022.01
248面；16.7×23公分. -- (EZ talk)
ISBN 978-986-0795-85-1（平裝）
1.英語教學 2.親職教育 3.初等教育
523.23　　　　　　　　110018207

EZ TALK

用英文繪本讀出孩子的素養力：

輕鬆三步驟，漫談新課綱19大議題

作　　者：劉怡伶 Daphne
責任編輯：鄭莉璇、許宇昇
封面繪圖：Aling
裝幀設計：萬亞雰
內頁排版：唯翔工作室
行銷企劃：陳品萱
插圖來源：Shutterstock.com

發 行 人：洪祺祥
副總經理：洪偉傑
副總編輯：曹仲堯
法律顧問：建大法律事務所
財務顧問：高威會計師事務所

出　　版：日月文化出版股份有限公司
製　　作：EZ叢書館
地　　址：臺北市信義路三段151號8樓
電　　話：(02) 2708-5509
傳　　真：(02) 2708-6157
網　　址：www.heliopolis.com.tw
郵撥帳號：19716071日月文化出版股份有限公司

總 經 銷：聯合發行股份有限公司
電　　話：(02) 2917-8022
傳　　真：(02) 2915-7212
印　　刷：中原造像股份有限公司
初　　版：2022年1月
定　　價：420元
I S B N：978-986-0795-85-1

能源教育

✓ Book	書名	ISBN
☐ 111	Look at You! Look at the Mess You Made!	9781478875413
☐ 112	The Elephant That Ate the Night	9781478869146
☐ 113	My Light	9781496961822
☐ 114	Blackout	9781423121909
☐ 115	Energy Island	9780374321840
☐ 116	Hey, Water!	9781912650262
☐ 117	If Polar Bears Disappeared	9781250143198
☐ 118	Oil Spill!	9780064451215
☐ 119	The Boy Who Harnessed the Wind	9780147510426
☐ 120	We Are Extremely Very Good Recyclers	9780803733350
☐ 121	Why Should I Recycle?	9780764131554

科技教育

✓ Book	書名	ISBN
☐ 122	Tool School	9781338233261
☐ 123	The Little Red Fort	9780545859196
☐ 124	Robots (A True Book: Behind the Scenes)	9780531241448
☐ 125	I Am Albert Einstein	9780803740846
☐ 126	I Wonder Why Zippers Have Teeth and Other Questions About Inventions	9780753456651
☐ 127	If You Give a Mouse an iPhone	9780399169267
☐ 128	Magnets Push, Magnets Pull	9780823440184
☐ 129	On a Beam of Light	9781452152110
☐ 130	Robots, Robots Everywhere!	9780449810798
☐ 131	Rosie Revere, Engineer	9781419708459
☐ 132	The Diamond and the Boy	9780062659033

資訊教育

✓ Book	書名	ISBN
☐ 133	The Internet is Like a Puddle	9789810951498
☐ 134	Technology Is All Around You! A Song for Budding Scientists	9781632906083
☐ 135	Game Design (A True Book: Behind the Scenes)	9780531235034
☐ 136	Boy + Bot	9780375867569
☐ 137	Chicken Clicking	9781783441617
☐ 138	Hello Ruby: Adventures in Coding	9781250065001
☐ 139	How to Code a Sandcastle	9780425291986
☐ 140	How to Talk to Your Computer	9780062490865
☐ 141	Robobaby	9780544987319
☐ 142	Troll Stinks	9781783445691
☐ 143	Who Is Bill Gates?	9780448463322

安全教育

✓ Book	書名	ISBN
☐ 144	A Pouch for Pocket	9781478868736
☐ 145	How Do Dinosaurs Stay Safe?	9780545840613
☐ 146	Love Your Body	9780711252400
☐ 147	After the Fall	9781783446353
☐ 148	Berenstain Bears Learn about Strangers	9780394873343
☐ 149	I Said No! A Kid-to-kid Guide to Keeping Private Parts Private	9781878076496
☐ 150	Rulers of the Playground	9780062424327
☐ 151	The Dark	9780316187480
☐ 152	The Girl Who Never Made Mistakes	9781402255441
☐ 153	The Pigeon Needs a Bath	9781338174465
☐ 154	What If Everybody Did That?	9780761456865

防災教育

✓ Book	書名	ISBN
☐ 155	The Magic School Bus Presents: Wild Weather	9780545683678
☐ 156	Kai to the Rescue!	9780545816366
☐ 157	A True Book-Ecosystems: Climate Change	9780531281062
☐ 158	Another Kind of Hurricane	9780553511932
☐ 159	Earthquakes	978-0060280086
☐ 160	Flood Warning	9780062386618
☐ 161	I Survived the California Wildfires	9781338317442
☐ 162	National Geographic Readers: Volcanoes!	9781426302855
☐ 163	Tsunami!	9780399250064
☐ 164	Twisters and Other Terrible Storms	9780375813580
☐ 165	What was the San Francisco Earthquake?	9780399541599

性別平等教育

✓	Book	書名	ISBN
☐	56	Call Me Max	9781478868972
☐	57	Two Friends: Susan B. Anthony and Frederick Douglass	9780545399968
☐	58	The Story of Ruby Bridges	9780439472265
☐	59	Julián Is a Mermaid	9780763690458
☐	60	Mae Among the Stars	9780062651730
☐	61	Malala's Magic Pencil	9780241322574
☐	62	Mirette on the High Wire	9780698114432
☐	63	No Difference Between Us	9781925089172
☐	64	Shaking Things Up: 14 Young Women Who Changed the World	9780062699459
☐	65	Shark Lady	9781492642046
☐	66	The Story of Ferdinand	9780670674244

法治教育

✓	Book	書名	ISBN
☐	67	Fly Guy Presents: Police Officers	9781338217179
☐	68	Little Thief! Chota Chor!	9781478869115
☐	69	King Pig	9789810939915
☐	70	A Day at the Police Station	9780375828225
☐	71	Noodlephant	9781592702664
☐	72	Swimmy	9780399555503
☐	73	The Detective Dog	9781509862542
☐	74	This Is Not My Hat	9781406353433
☐	75	Twenty-Four Robbers	9781846436468
☐	76	What the Ladybug Heard at the Zoo	9781250156709
☐	77	Who Is Ruth Bader Ginsburg?	9781524793531

戶外教育

✓	Book	書名	ISBN
☐	78	We're Going on a Nature Hunt	9780439859295
☐	79	A Lovely Journey	9781478869214
☐	80	Little Bunny's Balloon	9781478869108
☐	81	And Then It's Spring	9780545551069
☐	82	Beyond the Pond	9780062364272
☐	83	Curious George Goes Camping	9780618737642
☐	84	Owl Moon	9780399214578
☐	85	The Curious Garden	9780316015479
☐	86	The Dandelion Seed	9781584694960
☐	87	The Tiny Seed	9781481435758
☐	88	The Mountain That Loved a Bird	9780689833199

環境教育

✓	Book	書名	ISBN
☐	89	The Tree Told Me	9781478873754
☐	90	Picture a Tree	9789810950361
☐	91	Rice	9781478869375
☐	92	10 Things I Can Do to Help My World	9780763659196
☐	93	Don't Let Them Disappear	9780525514329
☐	94	Green	9781596433977
☐	95	Me...Jane	9780316045469
☐	96	My Friend Earth	9780811879101
☐	97	One Plastic Bag	9781467716086
☐	98	The Water Princess	9780399172588
☐	99	Touch the Earth	9781510720831

海洋教育

✓	Book	書名	ISBN
☐	100	There Was an Old Lady Who Swallowed a Shell!	9780439873802
☐	101	Deep Dive: A LEGO Adventure in the Real World	9780545947701
☐	102	What If You Could Sniff Like a Shark?	9781338356083
☐	103	Ocean Sunlight	9780545273220
☐	104	Commotion in the Ocean	9781841211015
☐	105	Hello Ocean	9780881069877
☐	106	I am the Biggest Thing in the Ocean	9780803735293
☐	107	Mister Seahorse	9780399254901
☐	108	My Visit to the Aquarium	9780064461863
☐	109	The Rainbow Fish	9781558585362
☐	110	Who Would Win? Killer Whales vs Great White Shark	9780545160759

Daphne 給孩子的 19 大課綱議題 英文閱讀書單

家庭教育

✓	Book	書名	ISBN
☐	1	My Big Family	9780743982115
☐	2	My Grandfather's Coat	9780439925457
☐	3	Love and the Rocking Chair	9781338332650
☐	4	All About Families	9781474949071
☐	5	Me and My Family Tree	9781524768515
☐	6	Shoes from Grandpa	9789810912376
☐	7	Stella Brings the Family	9781452111902
☐	8	The Family Book	9780316070409
☐	9	Thanking the Moon	9780375861017
☐	10	When Father Comes Home	9781338355703
☐	11	Wolfie the Bunny	9780316226141

品德教育

✓	Book	書名	ISBN
☐	12	The Lost Kitten	9781478868941
☐	13	The Little Box	9781478868934
☐	14	Try a Little Kindness	9781338325638
☐	15	Each Kindness	9780399246524
☐	16	I Walk with Vanessa	9781524769550
☐	17	Is There Really a Human Race	9780060753467
☐	18	It's Mine!	9780679880844
☐	19	Pass It On!	9781609051884
☐	20	Those Shoes	9780763642846
☐	21	We're All Wonders	9780141386416
☐	22	You Won't Like This Present as Much as I Do!	9780448450872

生命教育

✓	Book	書名	ISBN
☐	23	Woodpecker Girl	9781478869559
☐	24	Addy's Cup of Sugar	9780439634281
☐	25	The Elephant's New Shoe	9781338266870
☐	26	A Chair for My Mother	9780688040741
☐	27	A Sick Day for Amos McGee	9781250171108
☐	28	It's Not Very Complicated	9781478870326
☐	29	The Hundred Dresses	9780152051709
☐	30	The Invisible Boy	9781582464503
☐	31	The Three Questions	9780439199964
☐	32	The Way Back Home	9780007182329
☐	33	Under the Lemon Moon	9781584300519

生涯規劃教育

✓	Book	書名	ISBN
☐	34	Let's Swap for a Day	9789862116920
☐	35	Be You!	9781338572315
☐	36	I Can Be Anything! Don't Tell Me I Can't	9781338166903
☐	37	Astronaut Handbook	9780399555466
☐	38	Clothesline Clues to Jobs People Do	9781580892520
☐	39	I'm Brave!	9780062203182
☐	40	Lion Lessons	9780803739086
☐	41	Officer Buckle and Gloria	9780399226168
☐	42	The Crocodile and the Dentist	9781452170282
☐	43	The Paper Boy	9780545871860
☐	44	What Do People Do All Day?	9780007353699

人權教育

✓	Book	書名	ISBN
☐	45	Rou and the Great Race	9781478869535
☐	46	The Rooster Who Would Not Be Quiet!	9781338173123
☐	47	Henry's Freedom Box	9780545057400
☐	48	Dreams of Freedom	9781847804532
☐	49	Her Right Foot	9781452162812
☐	50	Same, Same but Different	9780805089462
☐	51	Separate Is Never Equal	9781419710544
☐	52	The Peace Book	9781338033960
☐	53	Voice of Freedom: Fannie Lou Hamer, Spirit of the Civil Rights Movement	9781536203257
☐	54	We Are All Born Free	9781847806635
☐	55	We March	9781596435391

原住民族教育

✓	Book	書名	ISBN
☐	166	Don't Call Me BEAR!	9789811131806
☐	167	The First Journey	9789810992736
☐	168	Janggan the Dragon Kite	9789810992750
☐	169	Buffalo Bird Girl: A Hidatsa Story	9781419703553
☐	170	Fry Bread: A Native American Family Story	9781662011665
☐	171	How the Stars Fell into the Sky: A Navajo Legend	9780395779385
☐	172	Mama, Do You Love Me?	9781452131498
☐	173	My Heart Fills with Happiness	9781459809574
☐	174	Saving Granddaddy's Stories: Ray Hicks, the Voice of Appalachia	9781478869665
☐	175	The Girl Who Loved Wild Horses	9780689845048
☐	176	We Are Water Protectors	9781250203557

多元文化教育

✓	Book	書名	ISBN
☐	177	Pig the Tourist	9781338593396
☐	178	If Kids Ran the World	9780545441964
☐	179	All Because You Matter	9781338574852
☐	180	All Are Welcome	9780525579649
☐	181	Dim Sum For Everyone	9780385754880
☐	182	Handa's Surprise	9780763653859
☐	183	It's A Small World	9781423146896
☐	184	Lailah's Lunchbox	9780884484318
☐	185	Last Stop on Market Street	9781984816221
☐	186	Sweet Laba Congee	9781478869344
☐	187	Thank You, Omu!	9780316431248

國際教育

✓	Book	書名	ISBN
☐	188	Dear Abuelo	9781478868897
☐	189	This Is the Way We Go to School	9780590431620
☐	190	Abuelita's Secret	9781478868880
☐	191	All the Way to America	9780375866425
☐	192	Angel Child, Dragon Child	9780590422710
☐	193	Four Feet, Two Sandals	9780802852960
☐	194	I hate English	9780590423045
☐	195	The Name Jar	9780440417996
☐	196	The Journey	9781909263994
☐	197	The Seeds of Friendship	9781478869344
☐	198	This Is How We Do It: One Day in the Lives of Seven Kids from around the World	9781452150185

閱讀教育

✓	Book	書名	ISBN
☐	199	The Word Collector	9789811185670
☐	200	My Very Favorite Book in the Whole Wide World	9781338225327
☐	201	Where Do Words Come From?	9781478874041
☐	202	Do Not Open This Book	9781338668988
☐	203	It's a Book	9781596436060
☐	204	Library Lion	9780545202824
☐	205	The Book Hog	9781368036894
☐	206	The Wonderful Book	9780545085984
☐	207	This Book Just Ate My Dog!	9781627790710
☐	208	We Are in a Book	9781423133087
☐	209	Wild About Books	9780375825385